长江文明之旅

建筑神韵篇

/科技部推荐优秀科普图书/

民居园林

总顾问 冯天瑜 钮新强
总主编 刘玉堂 王玉德

王玉德 著

上海科学技术文献出版社
Shanghai Scientific and Technological Literature Press
长江出版社
CHANGJIANG PRESS

长江文明馆献辞
（代序一）

冯天瑜

无边落木萧萧下，
不尽长江滚滚来。
——杜甫《登高》

江河提供人类生活及生产不可或缺的淡水，并造就深入陆地的水路交通线，江河流域得以成为人类文明的发祥地、现代文明繁衍畅达的处所。因此，兼收自然地理、经济地理、人文地理旨趣的流域文明研究经久不衰。尼罗河、幼发拉底—底格里斯河、印度河、恒河、莱茵河、多瑙河、伏尔加河、亚马孙河、密西西比河、黄河、珠江等河流文明，竞相引起世人关注，而作为中国“母亲河”之一的长江，更以丰饶的自然秉赋、悠远深邃的文化积淀、广阔无垠的发展前景，理所当然成为江河文明研究的翘楚。历史呼唤、现实诉求，长江文明馆应运而生。她以“长江之歌 文明之旅”为主题，以水孕育人类、人类创造文明、文明融于生态为主线，紧紧围绕“走进长江”、“感知文明”和“最长江”三大核心板块，利用现代多媒体等手段，全方位展现长江流域的旖旎风光、悠久历史和璀璨文明。

干流长度居亚洲第一、世界第三的长江，地处亚热带北沿，人类文明发生线——北纬30° 线横贯流域。而此纬线通过的几大人类古文明区（印度河流域、两河流域、尼罗河流域等）因副热带高压控制，多是气候干热的沙漠地带，作为文明发展基石的农业仰赖江河灌溉，故有“埃及是尼罗河赠礼”之说。然而，长江得大自然眷顾，亚洲大陆中部崛起的青藏高原和横断山脉阻挡来自太平洋季风的水汽，凝集为巫山云雨，致使这里水热资源丰富，最适宜人类生存发展，是中国乃至世界自然禀赋优越、经济文化潜能巨大的地域。

长江流域的优胜处可归结为“水”—“通”—“中”三字。

一、淡水富集

长江干流、支流纵横，水量充沛，湖泊星罗棋布，湿地广大，是地球上少有的亚热带淡水富集区，其流域蕴蓄着中国35%的淡水资源、48%的可开发水电资源。如果说石油是20世纪列国依靠的战略物资，那么，21世纪随着核能及非矿物能源（水能、风能、太阳能等）的广为开发，石油的重要性呈缓降之势，而淡水作为关乎生命存亡而又不可替代的资源，其地位进一步提升。当下的共识是：水与空气并列，是人类须臾不可缺的“第一资源”。长江的淡水优势，自古已然，于今为烈，仅以南水北调工程为例，即可见长江之水的战略意义。保护水生态、利用水资源、做好水文章，乃长江文明的一个绝大题目。

二、水运通衢

在水陆空三种运输系统中，水运成本最为低廉且载量巨大。而长江的水运交通发达，其干支流通航里程达6.5万千米，占全国内河通航里程的52.5%，是连接中国东中西部的“黄金水道”，其干线航道年货运量已逾十亿吨，超过以水运发达著称的莱茵河和密西西比河，稳居世界第一位。长江中游的武汉古称“九省通衢”，即是依凭横贯东西的长江干流和南来之湖湘、北来之汉水、东来之鄱赣造就的航运网，成为川、黔、陕、豫、鄂、湘、赣、皖、苏等省份的物流中心，当代更雄风振起，营造水陆空几纵几横交通枢纽和现代信息汇集区。

三、文明中心

如果说中国的自然地理中心在黄河上中游，那么经济地理、人口地理中心则在长江流域。以武汉为圆心、1000千米为半径画一圆圈，中国主要大都会及经济文化繁荣区皆在圆周近侧。居中可南北呼应、东西贯通、引领全局，近年遂有“长江经济带”发展战略的应运而兴。长江经济带覆盖中国11个省（市），包括长三角的江浙沪3省（市）、中部4省和西南4省（市）。11省（市）GDP总量超过全国的4成，且发展后劲不可限量。

回望古史，黄河流域对中华文明的早期发育居功至伟，而长江流域依凭巨大潜力，自晚周疾起直追，巴蜀文化、荆楚文化、吴越文化与北方之齐鲁文化、三晋文化、秦羌文化并耀千秋。龙凤齐舞、国风—离骚对称、孔孟—老庄竞存，共同构建二元耦合的中华文化。中唐以降，经济文化重心南移，长江迎来领跑千年的辉煌。近代以来，面对“数千年未有之大变局”，长江担当起中国工业文明的先导、改革开放的先锋。未来学家列举“21世纪全球十大超级城市”，依次为：印度班加罗尔、中国武汉、土耳其伊斯坦布尔、中国上海、泰国曼谷、美国丹佛、美国亚特兰大、墨西哥昆坎—图卢姆、西班牙马德里、加拿大温哥华。在可预期的全球十大超级城市中，竟有两个（武汉与上海）位于长江流域，足见长江文明世界地位之崇高、发展前景之远大。

为着了解这一切，我们步入长江文明馆，这里昭示——

一道天造地设的巨流，怎样在东亚大陆绘制兼具壮美柔美的自然风貌；

一群勤勉聪慧的先民，怎样筚路蓝缕，以启山林，开创丰厚优雅的人文历史。

（作者系长江文明馆名誉馆长、武汉大学人文社科资深教授）

一馆览长江 水利写文明
（代序二）

钮新强

“你从雪山走来，春潮是你的风采；你向东海奔去，惊涛是你的气概……”一首《长江之歌》响彻华夏，唱出中华儿女赞美长江、依恋长江的深厚情感。

深厚的情感根植于对长江的热爱。翻阅长江，她横贯神州6300千米，蕴藏了全国1/3的水资源、3/5的水能资源，流域人口和生产总值均超过全国的40%；她冬寒夏热，四季分明，沿神奇的北纬30º延伸，形成了巨大的动植物基因库，蕴育了发达的农业，鱼儿欢腾粮满仓的盛景处处可现；她有上海、武汉、重庆、成都等国之重镇，现代人类文明聚集地如颗颗明珠撒于长江之滨；她有神奇九寨、长江三峡、神农架等旅游胜地，多少享誉世界的瑰丽美景纳入其中；她令李白、范仲淹、苏轼等无数文人墨客浮想联翩，写下无数赞美的词赋，留下千古诗情。

长江两岸中华儿女繁衍生息几千年，勤劳、勇敢、智慧，用双手创造了令世人瞩目的巴蜀文明、楚文明及吴越文明。这些文明如浩浩荡荡的长江之水，生生不息，成为中华文明重要组成部分。

人类认识和开发利用长江的历史，就是一部兴利除弊的发展史，也是长江文明得以丰富与传承的重要基石。据史料记载，自汉代到清代的2100年间，长江平均不到十年就有一次洪水大泛滥，历代的兴衰同水的涨落息息相关。治国先必治水，成为先祖留给我们的古训。

为抵御岷江洪患，李冰父子筑都江堰，工程与自然的和谐统一，成就了千年不朽，成都平原从此“水旱从人、不知饥馑”,天府之国人人神往。

一条京杭大运河，让两岸世世代代的子孙受惠千年。今天，部分河段化身为南水北调东线调水的主要通道，再添新活力，大运河成为连接古今的南北大命脉。

新中国成立以后，百废待兴，党和政府把治水作为治国之大计，长江的治理开发迎来崭新的时代。万里长江，险在荆

江。1953年完建的荆江分洪工程三次开闸分洪，抗击1954年大洪水，确保了荆江大堤及两岸人民安全。面对’54洪魔带来的巨大创伤，长江水利人开启长江流域综合规划，与时俱进，历经3轮大编绘，使之成为指导长江治理开发的纲领性文件。

“南方水多，北方水少，能不能从南方借点水给北方？”毛泽东半个多世纪前的伟大构想，是一个多么漫长的期盼与等待呀。南水北调的蓝图，在几代长江水利人无悔选择、默默坚守、创新创造中终于梦想成真，清澈甘甜的长江水在“人造天河”里欢悦北去，源源不断地流向广袤、干渴的华北平原，流向首都北京，流向无数北方人的灵魂里。

新中国成立以来，从长江水利人手中，长江流域诞生了新中国第一座大型水利工程——丹江口水利枢纽工程、万里长江第一坝——葛洲坝工程、世界最大的水利枢纽——三峡工程。与此同时，沉睡万年的大小江河也被一条条唤醒，以清江水布垭、隔河岩等为代表的水利工程星罗棋布，嵌珠镶玉。这是多么艰巨而充满挑战、闪烁智慧的治水历程!也只有在这条巨川之上，才能演绎出如此壮阔的治水奇观，孕育出如此辉煌的水利文明，为古老的长江文明注入新的动力!

当前，长江经济带战略、京津冀协同发展战略及一带一路建设正加推提速，长江因其特殊的地理位置与优质的资源禀赋与三大战略（建设）息息相关，长江流域能否健康发展关系着三大战略（建设）的成败。因此，长江承载的不仅是流域内的百姓富强梦，更是中华民族的伟大复兴梦。长江无愧于中华民族母亲河的称号，她的未来价值无限，魅力永恒。

武汉把长江文明馆落户于第十届园博会园区的核心区，塑造成为园博会的文化制高点和园博园的精神内核，这寄托着武汉对长江的无比敬重与无限珍爱。可以想象，长江文明馆开放之时，来自五湖四海的人们定将发出无比的惊叹：一座长江文明馆，半部中国文明史。

（作者系长江文明馆名誉馆长，中国工程院院士、长江勘测规划设计研究院院长）

引言

长江流域的民居与园林是一幅丰富多彩的历史长卷，在展开这幅文明长卷之前，大脑中不由得跳出了唐代很有名的一首诗《茅屋为秋风所破歌》。这诗说的是唐肃宗上元元年（公元760年），48岁的杜甫弃官入蜀，在亲朋好友的帮助下，好不容易在成都浣花溪边盖了一座茅屋，以为有了可以安身立命、静心作诗的安乐窝。不料到了农历八月遇大风大雨，茅草被席卷飞扬，屋顶漏光漏水，诗人身不得安，心不得宁，坐卧都不便，骤然挥毫一口气写下了感人肺腑的名句：

八月秋高风怒号，卷我屋上三重茅。
茅飞渡江洒江郊，高者挂罥长林梢，下者飘转沉塘坳。
南村群童欺我老无力，忍能对面为盗贼，公然抱茅入竹去。
唇焦口燥呼不得，归来倚杖自叹息。
俄顷风定云墨色，秋天漠漠向昏黑。
布衾多年冷似铁，娇儿恶卧踏里裂。
床头屋漏无干处，雨脚如麻未断绝。
自经丧乱少睡眠，长夜沾湿何由彻？
安得广厦千万间，大庇天下寒士俱欢颜，风雨不动安如山！
呜呼！何时眼前突兀见此屋，吾庐独破受冻死亦足！

诗中最有名的一句是“安得广厦千万间，大庇天下寒士俱欢颜，风雨不动安如山！”设想杜甫站在茅屋前，捋着白色的胡子，仰天长啸，多么渴望改善居住条件呵！飘摇中的他，这时并没有只想到自己，而是幻想一夜之间生成出了“广厦千万间”，让无数“天下寒士”都住进去，任凭风雨，住得安稳。这，就是我们通常所说的民居文化！

杜甫的草堂，“茅屋为秋风所破”，这是风灾所致，并不意味他的住宅就很衰破。事实上，杜甫草堂所处的自然环境很好，远离城郭，居高远眺江水和原野，近处可观鱼翔燕飞，这是城里人所得不到的乐趣。杜甫在

《水槛遣心》表达了这种心情：

去郭轩楹敞，无村眺望赊。
澄江平少岸，幽树晚多花。
细雨鱼儿出，微风燕子斜。
城中十万户，此地两三家。

在《绝句四首》，杜甫写出了居住的感观美：

两个黄鹂鸣翠柳，一行白鹭上青天。
窗含西岭千秋雪，门泊东吴万里船。

这也是在成都草堂所写，一句一景，句句都有美的感受。春柳冬雪、西岭青天、码头船夫，都跃然纸上。杜甫还有不少关于民居的诗，如《江村》诗云：

清江一曲抱村流，长夏江村事事幽。
自去自来梁上燕，相亲相近水中鸥。

这是杜甫在浣花溪畔所作，写出了流水环抱，草木青青，燕鸥嬉戏的宅室环境。由此可见，唐代文人非常在意住宅的自然环境，环境有助于创作，环境之重要或许超过建筑物自身。

然而，唐代的一些达官贵人却追求建筑物的气派，有些地方大修豪宅大院，挥金如土，引起民怨。诗人白居易的心理不平衡，对富人的奢侈生活大加斥责，写了《伤宅》一诗予以讥刺：

谁家起甲第，朱门大道边。丰屋中栉比，高墙外回环。
累累六七堂，栋宇相连延。一堂费百万，郁郁起青烟。
洞房温且清，寒暑不能干。高堂虚且迥，坐卧见南山。
绕廊紫藤架，夹砌红药栏。攀枝摘樱桃，带花移牡丹。
主人此中坐，十载为大官。厨有臭败肉，库有贯朽钱。
谁能将我语，问尔骨肉间。岂无穷贱者，忍不救饥寒。
如何奉一身，直欲保千年。不见马家宅，今作奉诚园。

白居易认为居住的建筑物不能太豪华，而应有品位。他曾经被贬到江州（今九江市），当了个司马小官。唐宪宗元和十一年（公元816年），白居易经过庐山香炉峰与遗爱寺之间，被四周的景色迷住，“见而爱之，若远行客过故乡，恋恋不能去，因面峰腋寺作为草堂”。他在《草堂记》描述说：草堂有“三间两柱，二室四牖”，建筑材料是没有雕饰的树木，墙壁上用泥涂抹，未加粉刷。“堂中设木榻四，素屏二，漆琴一张，儒、道、佛书各三两卷”。之所以设四个木床，是因为常有文友来访。草堂前有方圆十丈的平地，有平台，台南有方池。“环池多山竹野卉，池中生白莲、白鱼。又南抵石涧，夹涧有古松、老杉，大仅十人围，高不知几百尺。”树冠如张开的大伞，树下灌木丛生，蔓草攀缘。林间有白石铺路，盛夏特别凉爽。堂前可远眺险峻的群峰，堂后有嵌空的山石、茂密的绿荫。堂东有瀑布，如白绸子垂地，发出像敲击玉器的清脆声。堂西有漂洒的泉水。住在草堂，一年四季都有美景：“春有锦绣谷花，夏有石门涧云，秋有虎溪月，冬有炉峰雪。阴晴显晦，昏旦含吐，千变万状，不可殚纪。”白居易感到草堂是人生修养的好地方，愿意终老于此。他说：“庐山以灵胜待我，是天与我时，地与我所，卒获所好，又何以求焉？”这段话表现出诗人追求天人一体、物我相融的思想境界。

白居易与杜甫一样，都是热爱生活，关注民居的伟大诗人。他们的诗中透露出对下层民众的关心，对土豪劣迹的鄙视，要求抑制富人的挥霍。他们的诉求，反映了诗人的情怀，代表了长江流域无数先民的呼声：反对贫富悬殊，人人有房住，房屋要坚固，环境要优雅，社会讲文明。

在无数的先民之中，明末清初的文人李渔为民居园林作出过杰出贡献。李渔（公元1611—1679年），字谪凡，号笠翁，祖籍浙江兰溪，生于江苏如皋。他说自己一生只有两项爱好：一是写戏，二是造园。李渔造园，一年到头，没有一日不工作，所造之宅园一定要穷精极雅，不类寻常。他说人生一世，任你良田万顷，厚禄千钟，坚金百镒，都是他人之物，与自己无干，只有三件器皿，是实在受用的东西，不可不求精美。这三件便是日间所住之屋，夜间所睡之床，死后所贮之棺。又说：“世间第一乐也无过家庭。父母俱存，兄弟无故。”

早在顺治年间隐居故乡时，李渔就构筑过伊园，园内设计有廊、桥、轩、亭等诸景，美名其曰“打果轩”“燕又堂”“来泉灶”“停舸”等。“打果轩”是窗前种有几棵枣树。“来泉灶”是用一竹板将山后泉水引至灶前水缸。李渔把屋前的一个小方塘堪与杭州西湖相比，“只少楼台载歌舞，风光原不甚相殊”。他在杭州的寓所叫“武林小筑”，在南京时营建了芥子园。他到处游历，为达官富豪设计园林。据钱泳的《履园丛话》、麟庆的《鸿雪因缘图记》记载，北京的惠园、半亩园（清初中丞贾汉复的私家园林）就是出自李渔的手笔。为了造园，他一生很节俭，省吃节用。他说：“性好花竹，而购之无资，则必令妻孥忍饥数日，或耐寒一冬，省口体之奉，以娱耳目。人则笑之，而我怡然自得也。”

李渔著有《闲情偶寄·居室部》，这是一本与民居园林文化有关的书，其中对房舍、窗栏、墙壁、联匾、山石等方面都有详细的论述。李渔声称自己“不喜雷同，好为矫异，常谓人之葺居治舍，与读书作文同一致也”。他主张造园要追求个性，贵在创新，“因地制宜，不拘成见，一榱一桷，必令出自己裁”。

李渔的人生，正是无数长江先民的人生。正是因为有李渔这样的杰出人士，长江流域才有了灿烂的民居园林文化。放眼历史，为民居忧而忧，享民居乐而乐，多建一些民居园林美景，这就是杜甫、白居易、李渔等众多文人雅士的梦想。围绕这个梦想，长江流域的先民一直在努力，不断地改造着社会，发展着经济，创造了可圈可点的民居园林文化，成就了伟大的文明画卷。

现在，让我们一同迈入民居园林这精彩的文明之旅吧！

目　录

概　说

民居与园林有联系也有区别，名称颇为纷繁。本章在辨析其异同的基础上，对长江流域民居园林的特色作了归纳，强调了园林取胜的内在因素与外在因素。

正 名

(一)民居与园林的异同

谈到民居园林文化，有必要说说民居与园林的异同：

我国古代是一个农耕文明古国，农民依附于土地，过着定居的生活。定居生活离不开住宅，于是，先民创造了民居文化。长期的定居，使得一些有文化的富人精修居住场所，扩大其功能，在民居文化的基础上创造了园林文化。换言之，园林实际上是民居的扩延。先有民居，后有园林。把民居花园化，就成了园林。园林是民居的升华，是高层次的民居。园林是经过人力加工过的自然场景，是运用自然因素和文化因素创建的人类生活的境域，是由山水、花木、建筑组合的具有诗情画意、供人颐养和游览的综合艺术品。因此，本书把园林与民居作为同一视野。

园林文化不过是民居文化的放大，是农耕文明必然形成的奇葩！

在汉语中，民居与园林毕竟是两个词，因此肯定是有差别的。其差别可以概括为四个方面：①民居小，园林大。民居可能有天井或院子，但总体面积小。②民居在形式上相对规整一些，讲究对称性和紧凑性。园林追求变化性和多样性。③民居用于生活，供人们食卧。园林用于游乐颐养，供人们陶冶情操，融居住、聚友、听戏、赏景于一体。④园林一般有林木、草坪、水池等，而民居可以没有这些。

「民居内的天井」

园林在有限的空间浓缩自然，再现自然，达到人与自然和谐，具有自然的意境。民居有封闭性、单一性。

园林也不能简单地等同于民居，如皇家苑囿、寺庙园林、大众的公园、烈士陵园都已被泛称为园林，其在功能上已不仅仅是居住。园林的功能远大于民居，它以人的享受为中心，可居，可观，可游，可乐。园林注重人文熏陶，文化涵意很深，礼乐伦理观念融贯其中。园林重视自然与人的和谐，选择自然，美化自然，创造自然。园林的山水与建筑有整合效应，多元意境有机地融合在园林系统中，形成天人合一的感染力。因此，本书有时把园林与民居单独描述。

有些民居与园林实为一个整体，难以分开为两个部分，如扬州徐凝门街花园巷内有双槐园，因院中有两株大槐树而得名。清光绪年间被富商何某扩建为何园。大门额题隶书“寄啸山庄”。园内东部有厅堂、四面厅，有阁楼与复道连通；西部有戏台，主要建筑有蝴蝶厅、七楹、正堂三间突出，厅内设中式家具。整个山庄实际是住宅园林。扬州大树巷内有小盘谷园，初为清光绪两江、两广总督周馥的宅园。园门上刻隶书“小盘谷”。园内有花厅、阁、廊、山、水。最杰出的布置是东部的一座桃形园门，门上有雕刻的枝叶，额有“丛翠”二字。透过园门可以看到紧凑的建筑，令人称绝。显然，园、宅一体，这也是中国古代常有的情况。

「寄啸山庄的西园」

(二)别有情趣的名称

长江流域的民居园林，其魅力不仅在建筑，还在于其名称的文化内涵。从总体而言，长江流域的民居园林不太重视政治观念，偏重于自然洒脱的人文境界。因此，其名称别有情趣。取名大抵有以下诸类：

1. *以典故取名*

园林之名有锄经园、拙园、拙政园、知止园、日涉园、可园等。所谓锄经，就是每天耕耘于经典之中。所谓“拙”，就是勤能补拙。所谓知止，出自于四书之一的《大学》中“止于至善”。古词有“园须日涉方成趣，调出天然足自娱”。宋代米友仁写有佳句“郭外粗有西畴，故园松菊，日涉方成趣”，园林就有以“日涉”为名的园子。苏州有一座可园，园主采用孔子语“无可无不可”（《论语·微子》）之意而取名“可”。园中可临风，可观月，可延客，可养生。今可园旧址建有江苏省第二图书馆。典故代表了深邃的传统文化，从中找出一些句子作为园名，无不具有思想性。

2. 以思想价值取向取名

有些园名特别鲜明地表达出园主人的想法，直白地反映了思想性，如退思园、且园、逸园、憩园、隐园、韬园、淡园、养素园、朴园、留卧园、自耕园、适园、洗心斋、怡老园、求志园等。明代有一位户部尚书去官归里，在吴地建怡老园，享受老年的安逸之乐。怡老园中有多处胜景，当时的文人沈周、吴宽、文征明、祝枝山、唐寅都曾在园饮酒赋诗。老有所乐，老有所安，老有所怡，这正是中华民族养老文化的一种思想。

3. 以方位取名

有的园林称为东园、西园、南园、北园、西圃等，此类园名明确表达了区位信息，用词中性。

4. 以面积取名

有的园林称为半园、五亩园、壶园、咫园、小园、真趣园。大园林从不以“大”名园，小园林总是试图以小巧取胜。“小”是一种谦词，但仍然有创意与自信的思想。

5. 以动植物取名

有的园林称为棣园、百花庄、一枝园、荆园、鹤园、听枫园、种梅书屋、松梅小圃、五柳园、栩园、西柳园、橘园、半枝园、多木园、棘园、椒园、千林园、桐园、芳草园、红豆山庄、梧桐园、梅园。这些园林强调了生物性特征，以动植物特色取胜。

6. 以水域取名

江南的淡水资源丰富，有水就有灵气。无水不成园，许多园林打造水的品牌，如澄碧山庄、葑水园、水园。

7. 以山石取名

园林不能没有名山奇石，以山石取胜的园林有五峰园、奇石园等。苏州有处绣谷园，因破土建园时掘地得石，石上有“绣谷”二字，故名。

8. 以突出的景点取名

此类园林如三景园、双塔影园、亭园。

9. 以姓氏取名

此类园林如王家花园、萧家园、钱园、顾辟疆园、孙驸马园、徐参议园、沈尚书园等。常熟的燕园在清乾隆年间属于蒋元枢，人们称为蒋园。此园在清光绪年间又归属于张隐南，人们称为张园。张园以小取胜，有小山、小屋、小廊、小池。园中的黄石假山是叠山名手戈裕良所叠，称为燕谷，此园又称燕园。

「常熟燕园」

10. 有些园林称为“草堂”“山庄”

如清康熙年间，高士奇在浙江平湖北门外7里筑有江村草堂，草堂旧址原为明代冯洪业的耘庐。草堂之所以称为江村，是因为高士奇的老家在浙江余姚的姚江，以示不忘亲情。草堂占地很大，圈有300亩，四周有壕沟，遍地栽有梅树，多达3000株。景点有32处，如草堂、瀛山馆、红雨山房、酣春榭、醒阁、耨月楼、岩耕堂、渔书楼，还有菊圃、红药畦等。可见，这是一个颇有规模的农庄花园。又如邓尉山庄，在江苏苏州西南40里的光福里，明清时建，有24景，庄内有思贻堂、耕鱼轩、梅花屋、听钟台、春浮精舍等建筑。山庄碧波环绕，妙景天成。再如太湖的东庭西山东蔡村有春熙堂，这是商贾蔡某建造的一座私家园林。之所以称为“春熙”，是因为《老子》一书中有“众人熙熙，如享太牢，如登春台”。春熙堂内的书房称为“缀锦书屋”，取楹额“运生花妙笔，联词缀句而成锦绣文章”之意。书房前后都有花园。前园有黄石假山，矮墙上有透空花窗。后园有白皮松、牡丹花、湖石假山。假山有三峰，中峰似老人，称老人峰；左右两峰名“太狮”“少狮”，取名于古代高官名称“太师”“少师”的谐音。

园林中一定有建筑，建筑的名称也别有情趣。苏州沧浪亭有“明道堂”“瑶华境界”“见心书屋”“印心书屋”“仰止亭”。拙政园有“梦隐楼”“志清处”“意远台”“得真亭”。这些都说明园林主人隐居而不失志，仍有抱负在胸。

园林的匾额往往是园名的一部分，有文化内涵。匾额是以大字题额，悬挂在门头、堂室、亭园等处，最初是以刻木为之，后来写在纸上张贴。有人统计苏州拙政园现有匾额 45 块、楹联 22 副、门额砖刻 18 块。许多匾额都是文化名人所写，如文震孟撰写“归田园居”，归昌世撰写“墙东一径”，陈元素撰写“一邱一壑”，沈周撰写“可竹”，叶润山撰写“流翠亭”，沈德潜撰写“远香堂”，文征明撰写“玉兰堂”。这些匾额与园名相呼应，亦是对园名的解读。

「 拙政园匾额 」

民居园林以特色取胜

长江流域有温和的气候、充沛的水量、丰盛的物产、优美的景色、宽松的人文，这些条件使民居园林文化得以充分发展，以特色取胜。

(一)民居的南北差别

特点是在比较中形成的。长江流域的民居园林与黄河流域相比，有所不同。早在明代，谢肇淛就作过相关的比较，他在《五杂俎》说：“南人有无墙之室，北人不能为也；北人有无柱之室，南人不能为也。北人不信南人有架空之楼，行于木杪；南人不信北人有万斛之窖，藏于地中。地窖，燕都虽有，然不及秦、晋之多，盖人家颛以当蓄室矣。其地燥，故不腐；其上坚，故不崩。自齐以南不能为也。”

长江流域的民居特点，有以下方面：①长江流域的民居精雕细凿；北方民居粗犷。②长江流域的民居多用竹、木；北方民居多用土、石。③长江流域的天井比北方天井小，以便避日晒；北方民居有较大的院落。④长江流域的屋顶多用坡形，便于排水；北方屋顶多是平顶，利于防止风沙。⑤长江流域的民居有火塘；北方有火炕。⑥长江流域的民居使用木材较多，形成“南巢”；北方植被条件差一些，树木相对少一些，民居多利用黄土层，形成“北穴”。

长江流域的民居与北方民居最大的不同点是宗法性。民居文化本来就是民俗文化的一部分，并集中体现了民俗文化。这种情况早在南北朝时期就已经形成了。颜之推在《颜氏家训·治家篇》说：“江东妇女，略无交游，其婚姻之家，或十数年间未相识者，惟以信命赠遗，致殷勤焉。邺下风俗，专以妇持门户，争讼曲直，造请逢迎，车乘填街衢，绮罗盈府寺，代子求官，为夫诉屈。此乃恒代（恒州代郡）之遗风乎？南间贫素，皆事外饰，车乘衣服，必贵齐整；家人妻子，不免饥寒。河北人事，多由内政，绮罗金翟，不可废阙，羸马顇奴，仅充而已。”这说明长江流域的女性更加“宅”一些，而北方的妇女已相当“解放”，传统的男尊女卑观念受到冲击。究其原因，是北方游牧民族大量进入中原所致。与此同时，北方原来的世族被迫迁移到南方。在新的环境中，世族为了生存与延续，特别重视宗法，而民居的风格必然具有浓郁的宗法性。

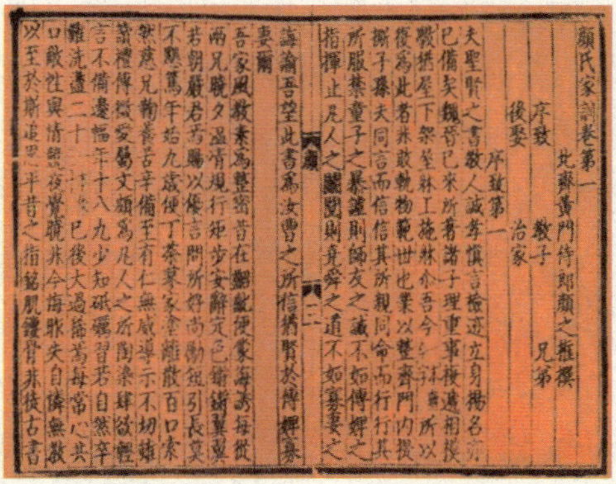
顏氏家訓卷第一
北齊黃門侍郎顏之推撰
序致 教子 兄弟
後娶 治家
序致第一

「 颜氏家训 」

中国园林，北方以雄阔称誉，南方以柔和著名。

(二)园林的南北不同

扬州园林有南北融合的风格，以雅健闻名。南方园林以江南园林为代表。江南园林主要指以苏州、杭州、无锡、扬州、南京、上海、常熟等城市为主的私家园林。江南园林属于文人写意派山水园，文人画家参与造园，人工造景为主，规划巧妙，设计精致，人文气氛浓。造园师在有限的空间再现真实的自然山水，以小见大，意蕴无穷。

陈从周先生写过一篇《园林分南北，景物各千秋》，说北方园林华丽，江南园林雅秀。北方高亢，南方婉约。北方缺水，缺乏天然条件，皇家园

「 北方皇家园林——颐和园 」

「 南方苏州园林 」

林有富贵之气，而庸俗之处在所不免。南方园林清雅平淡，多书卷气，但不免寒酸简陋。北方园林如京剧，南方园林如昆曲，京剧受昆曲影响大，著名京剧演员都在昆曲上下过功夫。

同样是苏州园林，当地的园林各有不同风格：拙政园给人的印象是水域布置得好，借景处理得好，还有那小飞虹、宜两亭，堪称一绝。留园给人印象最深的是十二峰。园中精粹是冠云峰，厅堂精致，布局抑扬称奇。网师园给人的印象是布局小中见大，壶中有天。门楼雕镂得分外讲究。框景的构思独具匠心，窗框后是物，物后是墙，俨然是一幅立体的画。此外，环秀山庄的叠山，沧浪亭的园外借水之景，狮子林的石狮，玄观庙三清殿的木构建筑，都是令人难以忘怀的。苏州的怡园是仿众园之园，集众园之特色为一园。但有人认为仿得太多，特色太多，变得不真，没有特色，成了园林的败笔。但即使是败笔，这也是一个特色，值得去欣赏。看看它为什么不成功，看它有哪些成功之处。

（三）长江流域园林取胜的因素

在长江流域的民居园林中，园林与园林之间有竞争。园林以特色取胜，特色是灵魂，也是生命。有了特色，园林就能传承，并形成品牌。长江流域的园林主要在以下九个方面有胜出的风采。

1. 以意境取胜

园林讲究顺其自然，力求随意。清代袁枚的随园园旨在一个“随”字，他在《随园记》说建园过程中“茨墙剪阖，易檐改涂。随其高为置江楼，随其下而置溪亭，随其夹涧为之桥，随其湍流为之舟。随其地之隆中而欹侧也，为缀峰岫；随其蓊郁而旷也，为设宧窔。或扶而起之，或挤而止之，皆随其丰杀繁瘠，就势取景，而莫之夭阏者，故仍名曰随园。”

2. 以个性取胜

扬州东关街有一个个性十足的个园。清代商人黄应泰修建。“个”字形像竹，竹可使园林更加雅致。园中有宜雨轩、抱山楼、拂云亭、住秋阁。个园整体布局很细致，山水草木与建筑有机协调。特别是假山有特色，造景形成四季之异。进门便是春天，只见粉墙前有石笋，如破土生长状，象征春天的到来。园内由曲桥上夏山，山顶有状如浮云的太湖石，山边建有水帘洞，山上有树木葱葱，凉意习习，如入夏境。园东有秋山，用黄石叠垒，坐东朝西，上有平台，俯瞰全园，令人有收获感。冬山的石色洁白，如同寒水，从冬山可探望春山，取冬尽春来意。

在苏州装驾桥巷有个残粒园，以小巧精致受到称誉。该园占地仅140平方米，以李商隐的“红豆啄残鹦鹉粒”一诗句命名。园中以水池为中心，沿假山，入石洞，上登到半山亭可览园景。这是以小见大的范例。

3. 以造景取胜

扬州有东园，在重宁寺东。园中有“府鉴室”，屋脊造型刻图为吉祥相，四周凿尺池，池中置磁山。中构圆室，顶上悬镜。园中还有人工瀑布，破崖而下，雪溅雷怒，澎湃有声。门外有双柏，立如人，盘如石，垂如柳，游人称奇。

好的建筑，形成好的景点。苏州有个艺圃，初名“醉颖堂”，明代袁祖庚筑。后归文征明曾孙文震孟，建有世纶堂、五狮峰等。其后多次易主，屡有兴建。现存宅园分两部分，占地3800平方米。西边是园，园中有约700平方米的水池，池旁水湾上架有一平弧形小石桥。池南堆土为山，以湖石为壁。池北有延光阁水榭五间，这是苏州园林最大的水榭。

「醉颖堂的小石桥」

4. 以材料取胜

扬州有小洪园，旧称郧园，以怪石老木为胜。园中叠石为山，搜岩剔穴，为九狮形。石狮中空外奇，玲珑磊块，横竖反侧，非人思议所及。园中树木既老且瘦，斜出石隙，极尽幽邃之趣。

扬州有南园，在城南古渡桥畔。起初建有九莲庵，后为私家园林。园中主要景点有：深柳读书堂、风漪阁、海桐书屋、雨花庵、澄空宇、玉玲珑馆。其中最有名的是澄空宇，乾隆皇帝亲题此三字为匾。

传闻乾隆二十六年（公元1761年）从江南搜寻到九块巨大的太湖石，嵌空玲珑、窍穴千百，众夫辇至，建有澄空宇。扬州的石材大多取自镇江等地，虽有孔穴，但没有太湖石的石骨。在扬州南园保存真正的太湖石，是很难得的。

5. 以特色植物取胜

扬州有筱园，原称小园，在“廿四桥”旁。起初，有农民在此种芍药。康熙年间，翰林程梦星告归，购为家园。园中以种植各种草木花卉为主。太湖中尽植荷花，水上架榭，以便赏荷。小池中蓄水鸟，植芙蓉。筑土为坡，坡上栽竹。园中还有大片梅林，并有几十棵古松。栽得最多的是芍药。乾隆年间，此园归汪廷璋，人称汪园。

6. 以理水取胜

水有灵气，裁水而成园。为了创造良好的环境，造园师总是开渠引水，截渠拦水，凿井取水，掘地蓄水。在地下水位高的地带，可掘土成池，堆土成山。或者，把水池面积加宽加长。评价园林，关键看是否能取水而剪裁。苏州园林在“水”上大做文章。文征明在《拙政园记》说苏州的水域条件好，“郡城东北界娄齐门之间，居多隙地，有积水亘其中，稍加浚治，环以林木”。拙政园面积的五分之三是池水。网师园的水面占全园五分之四。五亩园亦池沼逶迤。

明代邹迪光颇有见解。他在无锡惠山旁造有“愚公谷”（俗称邹园），与寄畅园齐名。有人评邹园：“亭榭最佳，树次之，山次之，水又次之。”邹迪光却认为这是“不善窥园者”。他在《愚公谷乘》中指出：“园林之胜唯是山水二物。无论二者俱无，与有山无水，有水无山不足称胜，即山旷率而不能收水之情、水径直而不能受山之趣，要无当于奇，虽有奇葩乡树、

「愚公谷」

雕甍峻宇，何以称焉?”又说：“构造之事，不独以财，亦以智。余虽无财，而稍具班垂之智，故能取佳山水剪裁而组织之，以窃附其智，不然者，亦束手矣，是故吾园本于天而亦成于人者也。”

扬州有芳圃，又称西园。园中有曾被称为天下第五泉的泉水，唐代张又新在《煎茶水记》载录了此泉。泉上有美泉亭，旁有五泉茶社。园中还有一个大水池，池东有一座黄石大假山，山势雄峻，是叠石造山的佳作。园中有古树蔓藤，曲径通幽。

扬州还有倚虹园，乾隆皇帝赐名，园门在渡春桥东岸。该园以水取胜，水之胜在于水厅。湖上水楼以修禊楼为最，它位于园东南隅，弯如曲尺，楼下开门，上供御匾“倚虹园”三字。另有涵碧楼，楼前有石，石中有泉水迸流，入于湖中。

7. 以叠山取胜

宋代周密撰《癸辛杂识》，记载园林特别讲究山石。他说：“盖吴兴地连洞庭，多产花石，而弁山所出，类亦奇秀，故四方之为山者皆于此中取之。浙石假山最大者莫如卫清叔吴中之园，一山连亘二十亩，位置四十余亭，其大可知矣。然余生平所见秀拔有趣者，莫如俞子精侍郎家为奇绝，盖子清胸中自有丘壑，又善画，故能出心匠之巧，峰之大小凡百余，高者至二三丈……奇奇怪怪不可名状。”

在苏州城东南显子巷有惠荫园，原属私家园林，清代曾称皖山别墅、安徽会馆，光绪年间扩建。当时的主要胜景有小林屋洞，仿太湖洞庭西山林屋洞所筑，如同天然。假山与环秀

「惠荫园」

山庄的假山一样，被称为叠山的精品。晚清，李鸿章在此创立安徽会馆，苏州知府蒯子范修缮并确定了园中八景。

苏州有耦园，初名涉园，因建筑物东西各有一园，“偶”与“耦”通，故名。园址三面萦河、一面临街，自成一域。东园的黄石假山是叠石的上乘之作，山势自然逼真。在水阁“山水间”内有明代的“岁寒三友”落地罩，精雕细刻，为苏州各园之冠。主体建筑总名“城曲草堂”，楼上有“补读旧书楼”，史学家钱穆在此撰成《史记地名考》。西园以书斋织帘老屋为中心，书斋与庭院之间衔接得较好，主厅之上有重楼复道与住宅毗连。住宅为四进厅堂，有前后门。

扬州园林，以叠石为代表。计成、石涛、张涟、仇好石、董道士分别叠有影园山、万石园、江林石壁、怡性堂的宣石山、九狮山，都是上乘之作。所以《扬州画舫录》卷二说：“扬州以名园胜，名园以叠石胜。”

8. 以历史资源取胜

南京有西花园，即太平天国的天王府。明初汉王朱高煦建，又名煦园，占地仅 20 亩。园内的方胜亭为双顶，远看如双亭并列，俗称鸳鸯亭。水池如花瓶状，池南有石舫。石舫是清建筑，“构屋如舫”。石舫以西的围墙蜿蜒起伏，如游龙行走。

南京还有瞻园，瞻园与天王府的煦园并称金陵两大古典园林。它曾是明初徐达的西花园，太平天国杨秀清的东王府。它的名称取自于乾隆帝南巡的题字“瞻望玉堂”。现在是太平天国博物馆，布局分为两部分。东部以展览厅为主，在中轴线上有门厅、大厅、二字厅。西部是花园，园中的主要建筑为静妙堂，堂内有鸳鸯厅，南面有水榭。堂北有草坪和水池，池中有步石、假山，可以登临。园东南有玉兰院、海棠院、桂花院。

「南京瞻园」

镇江城西云台山麓有伯先公园。伯先，即赵声，他是孙中山的挚友，1911 年在广州黄花岗起义失败后忧愤病逝，葬于镇江竹林寺东。1926—1931 年建成伯先公园，以纪念这位民主革命志士。公园占地 120 亩，园名是宋庆龄题写的。进园绕过屏风似的竹篱，拾级登上狭长的缓坡，坡上平台矗立着赵声的全身铜像。铜像后是荷花池，池边有太湖石假山，从弯曲的小道可登上山顶。

9. 以用典取胜

江苏的太仓县有弇山园，是明代王世贞建造的杰作。王世贞，太仓人，才气横溢，堪称当时的文坛领袖。他历官至南京刑部尚书，充足的家资，使他能够在城市造出山林。据他在《弇山园记》叙述：弇山园之所以名“弇山”，因古书中有“大荒之西，弇山以北”，《山海经·大荒西经》有“弇州之山，五彩之鸟仰天，名曰鸣鸟。爰有百乐歌舞之风。有轩辕之国。江山之南栖为吉。不寿者乃八百岁”。园内分布：总面积 70 亩，土石占十分之四，水占十分之三，室庐占十分之二，竹树占十分之一。园内有点头石、清凉界、会心处、知津桥、五老峰、含桃坞、缥缈楼，景点不胜枚举。

苏州人民路大石头巷有一座清代保存下来的“四时读书乐”门楼，高 5.91 米，宽 3.26 米。其雕琢，左边有“柳汁染衣”的典故，右边有“杏花簪帽”的典故。上枋以福、禄、寿三星居中，左右有王母、鬼谷、麻姑、刘海、东方朔等人物和猴、鹿、羊、蟾等动物。下枋以元代翁森的诗词《四时读书乐》为题，雕有四组图案，并分别镌上四句诗“绿满窗前草不除”“瑶琴一曲来薰风”“起弄明月霜天高”“数点梅花天地心”，表示四季的物景和心境。这是砖雕艺术与人文观念的合一，是宝贵的历史遗产。

「“四时读书乐”门楼雕刻——柳汁染衣」

「“四时读书乐”门楼雕刻——杏花簪帽」

以上各个取胜的要素不是孤立的，有些园林具有多个取胜的要素，如果综合要素好，园林的气场就好，自然就形成为品牌。

以上说了长江流域园林取胜的九个要素，这只是从园林本身而言，千万不能忽略外在的要素。其实，长江流域的园林之所以非常兴盛，与外在的自然环境、经济、交通、人文有很大关系。古代在江苏流行造园之风，决定性的因素是社会背景与环境背景。如，太湖东山岛的自然条件好，最易打造园林。明代造园师翁彦升因天时、就地利、尽人事，在东山岛建造了一座集贤圃，受到时人的赞扬。当时有个叫陈宗之的雅士写了《集贤圃记》说："大凡此圃之胜，一则得基地……此以湖山为本，虽费匠心，其大体取资，多出天构。一则得其时，当万历之季，物力宽饶，矿得斥其资治此，若遇今日（明末），山穷水涸，岂能闳诡坚亘若尔？时与地即相得，而所守或非人……虽赍志未意，而有子克述其业，以底于昭融，良称厚幸。"可见，集贤圃得到太湖的山水条件，又逢万历年的宽裕生活，加上父子继承，所以能完成这件造园事业。

「京杭大运河扬州段」

以江苏扬州为例。扬州处于河渠纵横的江淮平原南部，地势平坦，气候温和，有秀柔之风。扬州自古就是繁华的城市。今扬州城最早称为邗城。它北负蜀冈，南临长江，东沿运河，西有扫垢山，城中有大运河贯通。扬州城的西边有黄土冈，称为蜀冈。北边有许多小湖泊，称为雷陂。隋朝开凿大运河，隋炀帝杨广三下扬州。由于扬州处于运河要冲，成为南北交通的重要枢纽。唐宋时期的文化名人几乎都到过扬州，李白、白居易、欧阳修、王安石、苏轼都曾在扬州居住。

明代中叶以后，东南经济发展很快，地处要冲的扬州大兴土木，修建了豪宅。清人钱泳在《履园丛话》卷十二说："造屋之工，当以扬州为第一。如作文之有变换，无雷同，虽数间之筑，必使门窗轩豁，曲折得宜，……盖厅堂要整齐，如台阁气象；书斋密室要参差，如园亭布置，兼而有之，方称妙手。"

清代康熙到乾隆年间出现了一个书画家群体，人们称为扬州八怪，分别是：金农、黄慎、郑燮、汪士慎、李方膺、高翔、罗聘、李鱓（这八人无定论）。“八怪”不一定都是扬州人，但他们先后以扬州为住地。人文画家把绘画运用到民居与园林，提升了生活空间的艺术。

扬州园林，由于地理条件原因，既雄伟、沉重，又秀丽、轻巧，体现了南北文化的融合。瘦西湖上的白塔就是一个典型，它模仿了北京北海的白塔样式，又吸收了杭州西湖保俶塔的匀秀。塔高 30 多米，塔下有方形高台。扬州园林比苏州园林更加开敞，周围的山水与园林成为一个整体，人们称之为内外结合的、集锦式的滨水园林群落。扬州园林在布局上比苏州园林规整，园林大多以中部为池，厅堂为园林主体，亭堂为点缀。

「 瘦西湖白塔 」

园林虽然以各种条件与要素取胜，但还要有好的园主才能传承，否则园林难免受毁。长江流域许多园林兴盛一时，后来中衰，如扬州在清康熙年间有八大花园，影园就是其中之一。影园园主郑元勋，明末进士，他在崇祯七年（公元 1634 年）建成影园，不久作了《影园自记》。还在郑元勋孩提时，他就喜欢山水画，到郊外见林木青秀，于是很爱慕园林。有了一定的家资后，他在城南购得废圃，开始造园。园址有柳影、水影、山影，以影取胜，故称影园。入园有山径数折、松杉密布、高下垂荫，间以梅、杏、梨、栗。园内有二道门，以古树根如虬蟠为之。园内有玉勾草堂，堂在水一方，池有四面，荷叶疏翠。园内有读书处，三室三厅，虽然朝西，但有梧、柳遮障，夏不畏日而延风，窗离地尺余，燥而不湿。一室藏书，能远望江南峰，收远近树色，庭前选秀石、瘦石、透石，高下散布，不落常格。书室附近有一小亭，盛暑卧亭内，凉风四至。园内的“淡烟疏雨”门旁有湄荣亭，近有一字斋。园中又有植物园，栽种花木，以备简绌。影园落成后，有许多文人来此游玩，即兴作文，以为扬州一美景。清朝初年，郑元勋被冤杀，影园中衰。

长江流域民居园林纵览

本章以时间为经，以文明事象为纬，对长江流域的民居园林从三个大的阶段进行了历史性地回顾。

从 1 万年前说起

长江流域是中华文明的摇篮之一。大约在 200 万年前，长江流域已经有了人类居住，开始创造着民居文化。

与中华大地北方早期的居住形式一样，长江流域曾经有过穴居时期。1965 年，在云南元谋县上那蚌村附近的一个小山丘发现一些加工过的石器，推测这是 60 万年前元谋人生活的遗迹。当时的猿人已定居，有可能住在山洞中。1964—1973 年，在贵州黔西县沙井乡发现观音洞文化。这是长江以南地区发现的一处旧石器时代初期的大型洞穴遗址。至迟在 20 万年前有人在洞中住过。洞深约 90 米，洞中先后发现 3000 多件石制品，有刮削器、砍砸器等。湖北郧县梅铺有个龙骨洞，郧西县神雾岭有个白龙洞；大冶县章山有个石龙头洞，在几十万年前有人住过，洞中出土了人类加工过的石器。1989 年，在湖南澧县澧水北岸发现一处距今 10 万年前的旧石器时代的遗址，地处低洼的湖区，没有洞穴。当时的人是怎样居住的？不可能餐风露宿于田野之上，必定有遮风挡雨的处所。虽然考古未发现房屋的实物或痕迹，但人们推测当时已有了木构建筑。

到 1 万年前，长江流域开始出现民居文化。长江中游已经发现 1 万年前定居的文明曙光。最为典型的是在江西万年县发现的 1 万余年前的遗址——仙人洞、吊桶环遗址。

江西万年县以丘陵为主，间夹小块平原。仙人洞所在的大源镇，四面高山拱环，中间是葫芦形盆地。仙人洞位于盆地西北的小荷山脚下，洞前开阔平坦，洞的左侧有大源河从山脚流去，河宽 40 米。洞口面向东南，正是最好的朝向。洞口底部高出洞前的水稻田两米许。在距离 800 米处有吊桶环遗址，吊桶环为通透式岩棚，比仙人洞的海拔高。当时，大源盆地为一水网、沼泽地，洞口常年被水淹，原始人在周围的山岗过着采集、狩猎的生活。后来，河床下退，洞口露出，人们就从吊桶环下移，住进了临河的洞里。当洪水来临时，人们又可以回到高处生存。从 1 万年前的地层中发现了人工栽培稻植硅石，经植物学家研究，这种水稻兼具籼、粳稻特征，是一种由野生稻向人工驯化稻演化的古栽培稻类型。它是现今所知世界上年代最早的栽培稻遗存之一，展示了长江流域先民在 1 万年前定居的文明曙光。

「江西万年县仙人洞」

距今 7000 多年前，仙人洞内仍有人居住。他们以渔猎和采集经济为主，自制了锥、针、凿、刀、镞等工具，当时已能烧制陶器。人们群居在洞内，在篝火旁取暖或进餐。显然，南方也曾有过穴居时代。南方的地气偏湿，能够适宜居住的山洞较少，所以，穴居没有北方那样普遍和长久。

穴居也是人类最初级的居住形式。随着社会的进步，人类必然走出山洞，建造更舒适的居住场所，于是逐渐采用半穴式房屋。半穴式建筑是掘土为凹地，其上立柱搭棚。房屋的一半在地下，一半在地面。这种建筑不高，但节省材料，并且很稳固，大风不易掀翻。长江流域有没有半穴式民居？有。考古工作者在重庆巫山县大溪乡、湖北秭归、湖南澧县发现了大溪文化的若干遗址。其中，在湖北宜都的红花套、枝江的关庙山发现了房屋基址，有半地穴式，也有地面式。在房基取土一尺或数尺深，然后在地上打洞立柱，柱间编扎竹片，里外抹泥，砌为编竹夹泥墙。地上铺垫红烧土块，室内有灶。至今，在南方一些少数民族地区仍有半穴式民居。

「枝江关庙山房屋遗址」

距今 10000~4000 年前，长江流域历经了母系氏族社会和父系氏族社会阶段，考古学称之为新石器时代。在长江流域的浙江余姚河姆渡、嘉兴马家浜，江苏吴县草鞋山和上海青浦县崧泽（下层）发现了母系氏族社会民居文化。在湖南澧县的彭山头还发现了新石器时代早期遗址，居住区内有 24 个残留的柱洞和 2 个灶台。考古工作者用 C14 测定，这个遗址距今有 8000~9000 年，是迄今为止所知长江流域最早的居住遗址之一。

关于母系氏族的民居文化，我们现在不可能见到当时的文字材料，但可以借鉴民族学的方法，在少数民族地区间接探寻实情。据林耀华的《原始社会史》，云南澜沧县糯福区的拉祜族在 1949 年前还保留着母系大家族。这个家族住在一幢木竹结构的竹楼，大的竹楼长 23 米，宽 10 米，上面住人，下面关牲畜。屋内两边分成小间，一对配偶占一间，火塘设在中间的过道上。家族有耕畜和生产工具，收获归家族公有，集中储存，共同享用。每个母系大家族包括几个小家庭，女儿结了婚可以单独组成家庭，人口最多的大家庭可以包括十多个小家庭，长女在家族中有重要地位。

「拉祜族竹楼」

关于父系氏族的民居文化，浙江余杭良渚遗址表明，当时已经有人定居并从事农耕，石制工具和农作物的种类已很多。在云南剑川海门口古文化遗址发现一个滨水的村落，房屋类似于干栏，出土了陶器、紫铜器。直到 20 世纪初，云南的独龙族还保留着父系氏族社会的残余，头人和族长由男子担任，土地公有，集体劳动。个体家庭没有形成社会的生产单位。

据中国社会科学院民族研究所的《僜人社会历史调查报告》，西藏东南一带的僜人长期保存父系氏族公社，妻子们同住在丈夫的长屋内，每个妻子和她所生的孩子各住一两小间，有自己的火塘。

在湘西北的澧水下游、武陵山到洞庭湖平原的过渡地带有一处彭头山文化遗址，考古工作者在这里发现了水稻遗存，说明当时已经进入锄耕农业的早期阶段。距澧县县城西北 10 千米的车溪乡有新石器时代的城头山民居遗址。它坐落在当地的土阜之上，澧水的支流澹水从城南流过，遗址城垣的东南西北各有一个缺口，是为城门。城内西部近中心有夯土台基，台基北部高、南部低。湖南澧县古城墙的发掘证实我国 6000 多年前就有了民

「双鸟朝阳象牙雕刻」

居城墙。

氏族社会的民居文化注重选择环境。长江流域发现的考古遗址都在交通方便、水源充足、物产丰富的地方。同时，氏族社会的民居文化具有质朴性、自然性。河姆渡的民居有了艺术装饰，考古发现了双鸟朝阳象牙雕刻、木雕鱼形器柄、陶塑人头像等。这些反映了人们的自然崇拜观念。

长江中游已发现多处氏族社会的房屋。如：1961 年在湖北郧县青龙泉遗址发现五座房屋的圆形基址，墙下有石柱础，墙以竹木扎成网状并敷以细泥，地面用细泥抹平。在湖北均县（今丹江口市）朱家台遗址发现具有单双室的房屋基址，南北室中间有柱洞，推测是用来支撑屋架的。1982 年，在湖北枝江关庙山遗址发现套间住房，推测该房有出檐的四坡屋面，考古学家把这处遗址划属大溪文化。湖北天门石河镇以北的石家河古城有 120 万平方米，是新石器时代的遗址。天门河的两条支流在城的东西两侧由北向南流入汉水。

在 5000 年前的屈家岭文化遗址中已发现土木结构房屋。屈家岭在湖北京山县。屈家岭文化覆盖长江中游广大地区。人们建房时，先挖基槽，树立木桩，填土筑墙，以红烧土或黄砂土铺地，压结整平。房屋以土墙隔离空间，形成内外室。属于屈家岭文化的郧县青龙泉遗址有一座长方形双间式大房，南北长 14 米，东西宽 5.6 米。南北两室都在东墙各开一门，中间的隔墙有门互通。两室居住面各有三个柱洞。室中间各有一灶，并在附近各埋一个保存火种的陶罐。当时已能种水稻，可以烧制陶器。

在新石器时代晚期，江西有了氏族民居。在修水县山背村一带的山区盆地，考古工作者在山丘坡面上发现了当时的居住遗址。有一座房子呈圆角长方形，门朝南，南北长 6.5 米，宽 4.5 米。墙基以红砂土与碎稻草、稻谷壳混拌。墙内有柱洞，垫有石础。进门处西南角围筑矩尺形小隔墙，隔成一个套间。屋内北部有灶坑。屋外西边有小沟，用于挡水、排水。从这座房子及其周围出土了陶器和生产工具，表明当时以农业为主，并伴有手工业。

「良渚遗址」

在长江下游，江苏句容县丁沙地发现环壕聚落，壕沟宽20米，深5米，年代在5000年以上。1992年在良渚古城的中心地带莫角山遗址发现面积达30多万平方米、高10米的人工营造土高台。遗址发现有大型柱洞，说明过去有大型民居建筑。据《光明日报》2007年12月3日报道，在良渚文化核心区发现了一座总面积达290多万平方米的良渚古城。古城的南面和北面都是天目山的余脉，东苕溪和良渚港分别由城的南北两侧向东流过，古城的西南角和东北角有凤山与雉山。古城东西长1500~1700米，南北长约1800~1900米。古城内外分布着40余个小型民居遗址。良渚文化距今5300~4000年，处于新石器晚期。从1936年开始被考古工作者关注，迄今已发现135处各类遗址，证明长江下游先民的定居有了相当的规模。

古代社会的民居园林

中国古代史的时间断限，大抵是从夏朝到清末。夏朝文献不足征，我们只能从商代说起，一直讲到近代社会转型的晚清。

（一）商周时期：开拓中的奠基

「盘龙城遗址」

长江流域多次发现商朝遗址。在武汉城区通往天河机场的高速公路边有一处土坡、三面环水。考古工作者在此地发现商朝的宫殿建筑遗址——盘龙城。其建筑坐北向南，风景秀丽。有些学者认为盘龙城是当时居民的小城镇，其作用主要是转运鄂东和江西的铜矿，这个观点受到普遍的认同。

1973—1975 年，在江西中部的樟树市吴城遗址有一处商代的民居聚落，当地老乡称之为吴城，亦谓铜城。这个聚落的前面有萧江作护卫，浩渺四环；隔江对岸又有律坪作案山，秀列如屏；后有三岭作主心，翠耸如画；左有马鞍山，循环拱抱；右有木鱼山，水口锁气。考古工作者在此地发现了商朝墓葬，有青铜器、陶器、石范等。

长江中下游其他地区也发现商朝民居遗址。如：1957 年在江苏徐州地区发现高皇庙遗址，其中有商朝的石斧、石镰、陶盆、陶罐，还有祭祀场所和卜骨，可以推测这里曾有居住群落。

长江流域的民居遗址大多建筑在坡地上。如：东周时期的罗山遗址在湖北钟祥市西北的罗山岗地上，地势北高南低。岗地以东地势低平，坡下有大片水塘，疑为城壕残迹。宜昌路家河遗址背依丘陵，西临长江，右靠路家河。这样优越的自然条件使得路家河遗址发展为夏商时期的较大遗址。奉节县头堂包遗址在长江北岸的二级台地，东临长江支流朱衣河，东面靠高山，西面为山坡地。

周代的《诗经》与《楚辞》有一些涉及民居园林的材料，《诗经》侧重于黄河流域，《楚辞》大体反映楚地文化。

《诗经》中屡次提到长江、汉水、汝水。《诗经》中的《召南》与《周南》与汉水文化密切，有一些是南国地方的民歌。《周南·汉广》中有“汉有游女，不可求思。汉之广矣，不可泳思”，说明《汉广》是江汉流域的诗歌。《诗经》的最早编辑者尹吉甫就是长江流域的人。《孝经》云：“赫赫师尹，民具尔瞻。”史书记载，尹太师即尹吉甫。明代《郧阳府志》记载：“周尹吉甫房陵人，宣王时封太师，食邑于房。吉甫有文武才，入为卿士。”《诗经》中的《定之方中》记述公元前 658 年卫国迁都到楚丘(今河南滑县东北)，后来又复国，“定之方中，作于楚宫。揆之以日，作于楚室”。

《楚辞》有一篇《招魂》，把楚国的房屋描述得很美，说最适宜居住的是长江流域：东方不可以安身，那里有千丈巨人专门搜寻人的灵魂，那里有十个太阳轮流出来，晒得石消金流。南方也不可安身，那里的野人用人肉为祭，蝮蛇和狐狸往来倏忽。西方有千里流沙，赤蚁若象，玄蜂若壶，严重缺水。北方有千里飞雪，冰厚如山。惟有楚地最好，因为：

高堂邃宇（高大的房屋和深深的院子）

槛层轩些（层层厅堂和环绕的栏杆）

层台累榭（重叠的楼台亭榭）

临高山些（依傍高山）

网户朱缀（门上有网格，涂着红色）

刻方连些（方格相连）

冬有突厦（冬天有暖屋）

夏室寒些（夏天有凉房）

文学作品虽有夸饰之嫌，但楚国贵族的居室不会比文中描述得差。历来的学者不太注意《招魂》有写实的一面，这或许是一个遗憾。《楚辞》还有《卜居》篇。居，不仅是指居住的意思，而这里主要是指处世的方法和态度。屈原在文中以设问的方式提出：做人是应该诚实忠厚，还是应该媚世周旋？是应该安于耕耘，还是应该到处游说？是应该直言不讳，还是应该苟且偷生？这些提问反映了当时的文人贤士探索为人处世的准则，实际是居住观的体现。

除了文学作品，考古也提供了周代的建筑和民俗生活资料。学者们在江苏和安徽境内的沿江地区发现了一些西周时期的文化遗存，以江宁湖熟遗址命名了一批湖熟文化遗址，它们基本上可确定为东南地区的西周文化遗存。在南京的锁金村、丹徒的葛村，也发现了先民用过的石器、陶器，以及卜骨、卜甲。

从公元前689—前278年的400年间，楚人在湖北江陵的纪南城建都。这里曾是长江流域居民最集中、最繁华的一个城市。1976年以来，对纪南城作了全面勘察，发现五座城门和两座水门，城内东南部是宫殿区，东北部和西南部是手工业区。

在太湖东岸和南岸的山岭，有一些称为“烽火墩”的遗址，如江苏吴县的五峰山、无锡的璨山，浙江吴兴的苍山都发现了东周的民居。无锡有古阖闾城，苏州有吴王城，绍兴有越城，这些都是古代民居的集中生活之处。

（二）秦汉与六朝：回归自然

秦始皇统一中国，实行普遍的郡县制。长江流域先民从事农业，有许多聚落群。考古工作者在云梦县城关西郊睡虎地山嘴上发现了一些漆器上标有“市”“亭”“里”“乡”之类的地名，说明当地的居民已经组成了聚落群。

考古发现汉代城邑聚落遗址遍布长江中下游，如湖北宜城、江陵、鄂城，湖南湘阴、宁远，江西新建、都昌，安徽宿县、亳县，江苏徐州、盱眙，都发现汉代城址，说明这些地方人口稠密。1957 年在江苏高邮县发掘一处东汉末年的村落遗址，有水井、窖穴等。

汉代司马相如在《子虚赋》中用文学的铺张手法记载：楚国派子虚出使齐国，大谈楚国的云梦泽美景。说楚国有七个大泽，其中之一是云梦泽，方圆九百里，有隆崇参差的大山，有陂陀江河，有赤玉玫瑰，有衡兰芭荔，有阴林巨树，有白虎玄豹。楚王在云梦泽中游玩狩猎，有美女相伴，有武士拥簇，擂金鼓，吹鸣籁，浩浩荡荡，极为壮观，如同神仙下凡一般。

魏晋南北朝时期，长江流域文化有了较大发展。一方面是原有的文化积淀，另一方面是中原文化的注入，两者促成了文化的多元性和生机勃勃。民居文化在此时也出现了前所未有的景象。

魏晋南北朝时期的北方气候寒冷。永嘉初年，山东、山西等地流民渡淮河、长江在南方定居。东晋成帝初年，淮南的北方人渡江南迁，陕甘境内的人口南迁到汉水流域或四川盆地。刘宋时又有大量流民南迁。今江苏境内接收的北方移民最多，安徽、湖北、四川都接收了移民。

由中原南迁的宗族大多是合族而居，如山东金乡大族郗鉴率乡里千余家迁到广陵（今江苏扬州）；山东诸城大族徐澄之率子弟和同乡千余家迁到京口（今江苏镇江），宗族中出了许多大官。北方侨居南方的士族盘根错节，如琅琊王氏、颍川庾氏、谯国桓氏、陈郡谢氏等从中原南迁之后，在东晋轮流执政。刘裕的祖先迁到京口，刘裕小时候砍柴、种地、打鱼，后来成了刘宋政权的建立者。

南朝的宗阀势力很大，有雄厚的经济实力，还有一定的政治地位，使得他们的居住条件很优越。陶侃、刁协、沈庆之、阮田夫、孔灵符、谢灵运的家业都很大。一座民居实际上是一处庄园，内有大片土地、多幢楼馆、林木和水池。如：谢灵运的“山居”水绕山环、阡陌纵横、果树茂密、药圃殷绰，还有许多奴童。孔灵符的庄园方圆 30 多里，水陆田地 265 顷，果园 9 处。沈庆之有多处住宅，年老时把建康（今南京）的宅第还给官府，自己到娄湖去享清福。

南朝的官员乐意经营私家园宅。《梁书·徐勉传》记载徐勉“虽居显位，不营产业，家无蓄积”。他在给儿子的信中写道：“中年聊于东田间营小园者，非在播艺，以要利入，正欲穿池种树，少寄情赏。……吾经始历年，粗已成立。桃李茂密，桐竹成荫，塍陌交通，渠畎相属。华楼迥榭，颇有临眺之美；孤峰丛薄，不无纠纷之兴。渎中并饶菰蒋，湖里殊富芰莲。”徐勉的园宅是集颐养身心、经济自给自足于一体的封建庄园。这种庄园文化对于小环境建设是有好处的，因为庄主有责任感，把山水治理当作家里的事情，作为遗产留给后人。南方的开发，正是在这一处处占山占水的过程中达到了较好的效果。

人遗子孙以财，我遗之以清白。子孙才也，则自致辎軿；如其不才，终为他有。

——《果书·徐勉传》

南朝的民居主要集中在水域附近。当时的江陵、京口、建康均是长江边的商业城市。此外，汉水、赣江、湘江、鄱阳湖、太湖、洞庭湖等水域周边，都发展出居民群落。当时，长期居住在山里的“蛮人”也向河谷、平原地带扩展，他们与汉人杂居，但地位低下。在长江流域的局部地区还有一些其他民居形式，如江湖上有一种“舟居”，大多是渔民或从事水上运输的人居住。他们一

「现代“舟居”」

年四季都生活在船上，以舟为屋，吃住在船，婚嫁在船。船上有各种用途的舱，横板舱是全家的公共活动场所，工具舱是放渔具的，大舱贮藏鱼类，火舱用于做饭。沿江的洞庭湖、鄱阳湖、太湖，以及汉水、大运河都有这样的舟上民居。

南北朝时期的长江流域比黄河流域更适合居住。北方及中原有“五胡乱华”“六镇之乱”“河北起义”，战争频繁。南方虽有东晋、宋、齐、梁、陈几个政权的更替，但没有大的战乱，统治者也没有大的土木造作，社会上流行玄学，人民的居住相对安定。因此，长江流域的经济和文化在此时出现殷盛的状况。沈约在《宋书》孔季恭等人的传论中写道：“江南之为国盛矣。……地广野丰，民勤本业，一岁或稔，则数郡忘饥。会土（会稽）带海傍湖，良畴亦数十万顷，膏腴上地，亩直一金，鄠（今陕西户县）、杜（今西安南）之间，不能比也。荆城跨南楚之富，扬部有全吴之沃，鱼盐杞梓之利，充仞八方；丝绵布帛之饶，覆衣天下。”

晋代陶渊明偏爱自然，放弃彭泽令一职，钟情于山水之中。他在《归园田居》自述：“少无适俗韵，性本爱丘山。误落尘网中，一去三十年。羁鸟恋旧林，池鱼思故渊。开荒南野际，守拙归田园。方宅十余亩，草屋八九间。榆柳荫后檐，桃李罗堂前。暧暧远人村，依依墟里烟。狗吠深巷中，鸡鸣桑树颠。户庭无尘杂，虚实有余闲。久在樊笼里，复得返自然。”他这种超世脱俗的境界与玄学家有相通之处，但比玄学家更实在，不像玄学家那样颓废放任，而是脚踏实地地过着农家生活。他的名句“采菊东篱下，悠然见南山”“俯仰终宇宙，不乐复何如”，都体现了热爱自然的朴实感情。陶渊明在晚年创作了《桃花源记》，其中虚构了一个与世隔绝的世外桃源，用浪漫主义手法描绘了他憧憬的理想社会。你看那生态真是美极了：“芳草鲜美，落英缤纷”“土地平旷，屋舍俨然，有良田美池桑竹之属”；再看那些居民：“不知有汉，无论魏晋”“黄发垂髫，并怡然自乐”。

「重庆酉阳“桃花源”」

在陶渊明看来，官场无非就是尘网樊笼，束缚了人的本性，只有返回“旧林”“故渊”，沉浸在自然中，才是最适合人生的。

南朝时，建康（今南京）有了一些园林。南齐东昏侯建造了芳乐苑，叠石堆山，掘池建阁。为了美化园林，用五彩颜色涂抹山石。

南齐文惠太子在上元县（今江苏省江宁县）建有元圃，圃内有明月观、宛转廊、徘徊桥。《南齐书·文惠太子传》记载该园：“妙极山水。虑上宫望见，乃傍门列修竹，内施高鄣。造游墙数百间，施诸机巧：宜须鄣蔽，须臾成立；若应毁撤，应手迁徙。”文惠太子命工匠精雕细凿宫内殿堂，开拓兀圃园，聚集大量奇石，栽种成片的修竹，还造了可移动几百间游墙，颇便迁徙障蔽。

吴地（今江苏）在南朝时就盛行修建园林，人们常在园中游玩或举行宴饮。《世说新语·简傲》记载：傲慢的王子敬听说吴郡人顾辟疆建有名园，就径自游逛，适逢顾辟疆正聚集宾朋酣宴，不接待非礼的王子敬。王子敬因傲气十足而受人唾弃。

（三）隋唐宋：南移之人爱山水

隋唐时期，长江流域，特别是中下游地区，经济发展很快。安史之乱后，北方人到南方避乱，这是继永嘉之乱后的第二次人口大迁移，使南方人口迅速增加。苏州等地的居民有近三分之一是南迁的避难者。今江苏、安徽、江西、湖北都出现了许多新的移民居住点。如《旧唐书·地理志》记载：“襄邓百姓，两京衣冠，尽投江湘，故荆南井邑，十倍其初。”唐末诗人韦庄在《湘中作》云：“楚地不知秦地乱，南人空怪北人多。”

唐代诗人雍陶写有一首《访城西友人别墅》，诗云：“澧水桥西小路斜，日高犹未到君家。村园门巷多相似，处处春风枳壳花。”这是描述唐代澧州城（今湖南澧县）的一处民居群落。主人出城过桥，到乡间访友人，只见一座座围篱庭院都修建得很工整，如同一个模式，枳树花在各家门前绽开，一片春意盈然。这对于从城里到乡间的人来说，感到无比清新静谧。这说明唐代的人们注意房屋的选址、布局、内外结构，既有“同而不和”，也有“和而不同”。

唐亡以后，中原有后梁、后唐、后晋、后汉、后周五代；山西有北汉，南方有吴越、楚、南唐、吴、前蜀、后蜀、南汉、南平、闽等九国，合称十国。

十国的前蜀王建和后蜀的孟知祥在成都建国，吴的杨行密在广陵建国，吴越的钱镠在杭州建国，楚的马殷在长沙建国，南平的高季兴在江陵建国。这些政权都在长江流域，作为局部的政治经济中心，对于城市乡镇的民居建设是有推动作用的。民居文化的地域特色必然随着各个政权的兴衰而演变。

唐代柳宗元性爱山水，他曾在柳州城南门外沿江处的一块荒地造园，临江置亭堂，遍地栽竹柳。他还在潇水的支流愚溪筑有宅园，其址在今湖南零陵县。他在《愚溪诗序》中自述：“买小丘，为愚丘，……遂负土累石，塞其隘，为愚池。愚池之东为愚堂。其南为愚亭。池之中为愚岛。嘉木异石错置，皆山水之奇者。”柳宗元在《柳州东亭记》和《零陵三亭记》中介绍过改废地为美景的经验。

「柳宗元愚溪宅园」

唐代像柳宗元这样醉心于山水园林的不乏其人，白居易不仅在庐山筑宅园，还写了一些描述园林的文章，如《冷泉亭记》记述了杭州灵隐飞来峰一带的胜景，文章写得朗朗上口，文辞优美，音韵和谐。试摘前半部分以飨读者：“东南山水，余杭郡为最。就郡言，灵隐寺为尤。由寺观，冷泉亭为甲。亭在山下，水中央，寺西南隅。高不倍寻，广不累丈，而撮奇得要，地搜胜概，物无遁形。春之日，吾爱其草薰薰，木欣欣，可以导和纳粹，畅人血气。”正因为有这样一些胜景，所以唐宋时的名人云集江南。

「灵隐飞来峰」

从比较的角度看，宋代文化已转移了重

心，改变了唐代文化集中于黄河流域的局面。如果说唐代园林以长安、洛阳为盛，那么可以说宋代园林逐渐以南方的园林为盛。唐人称南方有“扬一益二”，即扬州、益州很繁华；宋人则称“上有天堂，下有苏杭”，苏州、杭州已成为人们的向往之地。如果说唐代是南方园林显露头角时，那么可说宋代是南方园林大发展之时。当时，杭州至少有 40 多处园林，苏州的私家园林有 50 多处。

宋代苏舜钦旅居吴中，他在《沧浪亭记》中谈他为什么要重建沧浪亭时说：“扁舟吴中，始僦舍以处。时盛夏蒸燠，土居皆褊狭，不能出气，思得高爽虚辟之地。”江南气候湿热，人们居住拥挤，稍有财力的人都想改善生活环境，所以就找荒地或水边建园。

值得一提的是，宋代很注重改造城市环境，力图把城市与园林融为一体。苏轼在杭州治理西湖的事，许多人都大加称赞。韩公改造温州城的事，许多人就不知道了。叶适在《永嘉开河记》介绍了此事，说：“温州并南海以东，地常燠少寒，上壤而下湿。昔之置郡者，环外内城皆为河，分画坊巷，横贯旁午，升高望之，如画弈局。”宋代户部尚书韩公到温州任郡守时，组织开河，大大改变了生态环境，使城市如同园林。

宋代杰出的思想家、科学家沈括在润州（今镇江）有一处名宅，称为“梦溪”，他的传世之作《梦溪笔谈》就是在这里写成的。沈括在《梦溪自记》中说：在 30 多岁时多次梦见有一座花木如覆锦的小山，山下有澄澈极目的水，岸边有乔木。醒来之后决意在这样的地方筑宅安居。过了十几年，大约是元佑元年（公元 1086 年），到了镇江，看见城内东南隅这块地方正是梦中所游之地，叹道“吾缘在是矣”。于是买地建房，称为梦溪。梦溪有土丘，其上栽满花卉，称为百花堆。土丘的坡子上建有茅舍，作为民居。土丘上有岸老堂，可俯视梦溪。土丘以西是大片竹林，林中有轩、堂。沈括自称独乐于此，“渔于泉，舫于渊，俯仰于茂木

「镇江梦溪园」

美荫之间。所慕于古人者，陶潜、白居易、李约，谓之‘三悦’，与之酬酢于心。目之所寓者，琴、棋、禅、墨、丹、茶、吟、谈、酒，谓之‘九客’。”文中的李约是唐朝人，有“萧斋”，以洒脱著称。

镇江在宋代有研山园，又称海岳庵。它的来历还有一个故事，说的是书画家米芾有个无价之宝的玩物叫“研山”，“研山”直径一尺多，山有55个像手指般大小的峰峦。这件宝物是从南唐后主御府流传出来，辗转到了米芾之手。他格外喜爱，作为家珍。后来，他看中了苏仲恭在镇江甘露寺下沿江的一块宅基，毅然用“研山”换了这块地方，修筑了海岳庵，人们又称之为研山园。研山园不大，其突出的特色是“抚今怀古，即物寓景，山川草木，皆入题咏”。宋人冯多福在《研山园记》介绍说：园子临街有“宜之”堂，园中有“春漪亭”“清吟楼”“二妙堂”“映岚室”。园中有假山、水池、桂树。这些景和名称，有的是后人增设的。据说，米芾举止颠狂，不善经营园林，海岳庵很快就被毁掉了。过了100多年，岳飞的孙子岳珂代理镇江知府，重建了研山园。岳珂认为“境无凡胜，以会心为悦，人无今古，以遗迹为奇”。诚如冯多福感叹：“泰山之重，可使轻于鸿毛，齐万物于一指，则晤言一室之内，仰观宇宙之大，其致一也。”

研山园给人以哲学性的启迪：一块小石头可以换数亩宅基，可见物体的大小分量是相对的；人的偏爱与宝物的分量也是相对的，身外之物都不能与自身的兴趣相比。

南宋人周密撰《吴兴园林记》，书中载录了吴兴县城内外的36处园林，都是周密亲自游玩过的园林。周密在引文中说：“吴兴山水清远，升平日，士大夫多居之。其后，秀安僖王府第在焉，尤为盛观。城中二溪水横贯，此天下之所无，故好事者多园池之胜。”这些游记置于周密的《癸辛杂识》前集的“吴兴园圃”条，后人录出别置单行本，名为《吴兴园林记》。

宋代流行宗族合居。宋代池州人方纲全家700多人共住，八世同堂。宋代江州陈兢的家族，全家长幼700人，家不请仆，男不纳妾，上下和睦。凡穿、吃、住、用及男女婚葬，都有家规。食必群集围坐，未成年者别置一席。养犬百余只，同一巨船槽共食，一犬不至，则群犬不食。别墅建家

「郑氏义门」

塾，聚书延聘四方学者，遇贫则给以资助，故江南名士都肄业于其家。《宋史》记载李琳十五世同堂。这些同堂的民居，在几百年中不分家产，由“大家长”统一安排生活和处理各种大事。浙江省浦江县有个郑宅村，是研究南宋以来传统宗族的“教科书”。从公元 1128 年开始，郑氏在此合族同居。历代朝廷称之为“郑氏义门”。该村原有九世同居碑亭、东明书院、祠堂，现仍保存许多古建筑。由于人丁兴旺，村子已改为镇。

(四)明清时期:大江南北有胜景

明清时期，长江流域的人口在沿江各地之间流动，江苏人流向浙江、福建，江西人流向上游，今湖北、湖南人有许多是从江西移民而来。江汉平原和鄂南有大片湖沼，外籍人士前来开垦围湖造田，世代定居。明朝末年，湖广填四川，今四川许多居民的祖籍可追溯到湖北。

民居的普遍情况较为落后。如长江三峡沿岸的村落：一为同姓聚居自然村落，大者三五十户，小者一二十户，俗称某某屋场；一为依山就势或依田就水而居，房屋虽不太集中，却连成一线或一片，俗称某某山、某某河；还有少数农民散居山野，或单家独户，或数户连成一个小屋场，住房绝大多数为土木结构的草房、瓦房和木架板壁房，高山地区有以石板为墙、树皮为瓦的简陋房屋，低矮且不通风。富有之家建有斗砖浆砌的大瓦屋，有厅堂楼阁，二进或三进，两边有厢房，中有天井，屋顶有风火墙。宜昌两河口镇李家坪村有清代道光年间大名镇总兵李东宣之后修建的一座九个天井、数十间房屋的“李氏庄园”。

然而，在长江中下游的富人阶层，居住条件就大不一样。明代文人写有许多赞美江南园林的诗文，程嘉燧写有《余杭至临安山水记》，袁宏道写有《虎丘记》，钟惺写有《浣花溪记》，李流芳写有《江南卧游册题词》，袁中道写有《楮亭记》，举不胜举。袁宏道从荆楚之地至达杭州时，为西湖所陶醉，一口气写了 16 篇西湖游记。

文人的笔墨文章提高了江南园林景观的知名度。如明代文人对黄山的推崇，增强了这些景点的吸引力。黄汝亨游历黄山时说：“我辈看名山，如看美人。颦笑不同情，修约不同体，坐卧徙倚不同境，其状千变。山色之落眼光亦尔，其至者不容言也。”黄山的美景逐渐被人们认识。

明清时代，南京有一些名园。如：西园在城南稍西，距当时的聚宝门2里。入园有凤游堂，堂前有奇峰古树，右前方有高达3丈的栝子松。堂后有竹林，林后有来鹤亭。凤游堂左侧有夭桃、丛桂、海棠、李、杏。园内有池沼，碧波清莹，池旁有石山和垂柳。园中还有凤凰台、凤凰泉，故西园又称凤台园，传闻是徐天赐所建。南园，传闻是魏国公建，在赐第对街。园中有壮丽的楼馆，朱甍画栋，又有修亭、复阁、累榭、复廊。主体建筑前有水池，池三方垒石，池中养有金鱼。园中有奇石怪树。

清代徐崧、张大纯撰有《百城烟水》，书中记述了当时的苏州府及所属吴县、长洲、吴江、常熟、昆山、嘉定、太仓、崇明诸县的风土人情及史实，对园林宅第介绍尤详，考证的园林有南园、石湖别墅、千株园、招隐园、寒山别业、唐家园、怡老园、涧上草堂、志圃、辟疆园、六如别业、无梦园、依园、东园、东庄、拙政园、祇园、狮子林、康庄、元和山庄、红豆庄、秋水轩、硕园、三益园、妙喜园、石冈庄、秋霞圃、菽园、澹园、梅村，为研究江南园林提供了宝贵资料。仪征人李斗撰《扬州画舫录》，此书专记扬州园林名胜和寺观祠宇。每园有总说，并分列景点条目，介绍人文掌故。清代赵之壁的《平山堂图志》，虽名“平山堂”，实则介绍了扬州27处园亭。赵之壁任两淮都转运使时，在扬州居住，悉心搜集资料，写成了这部10卷本的扬州园林专书。

清人沈德潜认为江南的胜景总是让人游不胜游。同一园林，游了数次，仍觉得游兴未尽，就是江南胜景的魅力所在。他在《游虞山记》中说游罢常熟西北的虞山，“稍识面目，而幽邃窈窕，俱未探历，心甚怏怏。然天下之境，涉而即得，得而辄尽者，始焉欣欣，继焉索索，欲求余味，而了不可得，而得之甚艰，且得半而止者，转使人有无穷之思也”。江南园林奥妙无穷，给人以无穷之思，这就是其生命力。与之相比，中国北方的一些景观袒露无遗，秃山裸野，难以对游客产生诱惑。

清代，乡村的园林也引起人们的兴趣，这可从王灼的《游歙西徐氏园》

见到实例。王灼、胡熙陈等六七位文士在夏季6月到歙县西边乡村的徐氏“就园”去游玩。就园占地数十亩，引溪为池，池上横石为桥，沿池种有梅、桧、竹、柏，厅堂三楹，其中央堂前有大片牡丹，“园之外，田塍相错，烟墟远树，历历如画……盖池亭之胜，东西数州之地，未有若斯园者”。王灼等一直游兴不减速，“及日已入，犹不欲归。园者皆瞪目相顾，嗟愕怪骇”。

对江北景观，明清时期也有许多文人加以渲染。姑且不说扬州、苏州，其他一些偏僻的地区也有人赞美。如安徽桐城派学者戴名世在《河墅记》说：“江北之山，蜿蜒磅礴，连亘数州，其奇伟秀丽绝特之区，皆在吾县。县治枕山而起，其外林壑幽深，多有园林池沼之胜。”

清代，在今张家港市杨舍镇东郊有“息园”，它是道光年间的一批文人集资建造的，因“私之一姓，诚不若公诸众有之，为能息息不已”而命名为息园。这个园林已有了公共性质，人们可随意前往游玩。

近代转型中的速变

中国在明代中期就出现了资本主义萌芽，以后逐渐开始了社会转型。与此同时，西方文化传入中国，加速了社会转型的进程。在这一时期，民居建筑文化的变化最为明显。建筑材料由土、木一变而为水泥、钢铁、玻璃；建筑楼层由一二层一变而为二十层；建筑布局由占地很多的院落式一变而为多种形式的高楼。人们的居住观念也发生了变化，由传统的聚族而居变成交叉混合而居，由封闭的居住变成开放式居住。居住文化的变化表明中国已由农耕社会、宗法社会向工商社会过渡。

「明清园林」

明清时代，长江流域的园林有西洋化倾向。如扬州净香园的怡性堂陈设兼有中西韵味。清人李斗在《扬州画舫录》中描述说：怡性堂“右靠山用文楠雕密箐，上筑仙楼，陈设木榻，刻香檀为飞廉、花槛、瓦木阶砌之类；左靠山仿西洋人制法，前设栏楣，构深屋，望之如数什千层，一旋一折，目炫足惧，惟闻钟声，令人依声而转，盖室之中设自鸣钟，屋一折则钟一鸣，关捩与折相应。外画山河海屿，海洋道路。对面设影灯，用玻璃镜取屋内所画影，上开天窗盈尺，令天光云影相摩荡，兼以日月之光射之，晶耀绝伦”。由此可知，怡性堂已采用了声学、光学之类的陈设，并且接受了西方的技巧，堪称中西合璧。此外，《清稗类钞·园林类》记载的韬园、虹园都陈设了“洋物”，并有西式景点。

晚清，贵州遵义人黎庶昌出使欧洲，写了一些介绍西方文化的文章。如《卜来敦记》叙述了英国海滨城市卜来敦的园林，文中说卜来敦是欧洲胜景，距伦敦南160余里，其地“后带冈岭，前则石岸斩然。好事者凿岸为巨厦，养鱼其间，注以原泉，涵以颇黎，四洲之物，奇奇怪怪，无不毕致。又架木为长桥，斗入海中数百丈，使游者得以扳援凭眺。桥尽处有作乐亭。余则浅草平沙，绿窗华屋，与水光搒映，迤逦一碧而已。……飘飘乎有遗世之意矣”。此文作于清光绪六年（公元1881年），欧洲人的滨海园林旅游已开发得很有规模了，而中国在这时尚未列于规划，可见中国在这方面是有差距的。

晚清，随着租界的出现，西方文化加强了对中国的渗透，长江流域出现了一些模仿西式风格的园林。如上海在公元1868年修建了外滩公园，1900年修建了虹口公园，1914年修建了兆丰公园，这些公园都具有英国园林风格。上海的汇山公园部分景点受荷兰影响。上海的凡尔登公园、法国公园的沉床园都具有法国勒诺特尔风格。无锡锡山南坡的水阶梯具有意大利台地园风格。

「 近代上海外滩公园 」

长江流域在近代以来出现一些公共园林，如无锡在1906年建了城中公园，成都在1910年建了少城公园，南京在1911年建了玄武湖公园，四川在1924年建了西山公园，重庆在1926年建了中央公园，上海在1927年建了文庙公园。

这些公园都汲取了西方园林所长，从平面布局、景点设置上明显地具有西方元素。

从晚清到民国年间，私人园林也在被西化。如无锡的梅园（荣德生 1912 年建）、蠡园（王禹卿 1927 年建）都被称为中西合璧的园林。一些官僚、买办、商人、文士受西方思想影响最快，他们的宅园几乎无不西化。

苏州公园，俗称“大公园”。旧址为春秋时的“吴子城”。辛亥革命以后，拟建公园。1920 年在此建有图书馆，有花台、喷水池、七曲桥、土山、六角亭。1947 年称为吴县中山公园。1949 年以后进行了大规模扩建，重建了丘北澄虹桥，此草坪建幼儿乐园，占地约64 亩。

从晚清到民国初年，沿江而上，由上海到南京、九江、汉口、沙市、宜昌、重庆，渐渐出现了一些新式民居。这是西方列强以不平等条约打开我国大门之后出现的变化，客观上引发了民居文化的变化。民居的主人有的是外国人，有的是中国的买办、商人、企业家、金融家、官员、职员。建筑物以砖石为承重墙，木屋架，有厨房、卫生间、壁炉、餐厅、卧室、书房、客厅。如 19 世纪末英国人在汉口汉正街开办了一所普爱医院，宿舍是西式建筑，也有石库门形式的房屋。

石库门的大门以大石条为框，进大门有天井，天井之后是客厅，厅后有楼梯，楼上有卧房和小凉台。石库门可住几户或十几户人家，厨房由几家共用，住户经常可串门。人与人、家与家的关系很密切。

石库门民居最初是在租界采用的形式，比起传统的四合院，它造价低、节约用地，有利于防火。公元 1872 年，上海的兴仁里已有了石库门住宅。石库门以石材为门框，以厚木板制成两扇大门，门框上有三角形或半圆形造型。门内的小院称为天井，紧邻天井客堂有 6 扇或 8 扇落地长窗，客堂两边是厢房，客堂后有楼梯到楼上。客厅是主楼，隔着后面的一个长方

「上海石库门民居」

形天井另有一个矮一点的楼，设置厨房、厕所、阳台。石库门民居是中西建筑的合璧。受西方影响，它采用西式砖雕、百叶窗、扶梯，布局上以两层楼、联排式为主。受我国传统文化影响，它借用了四合院封闭式结构，高楼厚门，还有防火用的山墙，符合人们的求安心理，也满足了日益增多的市民对住房的要求。一排排石库门组成了里弄，里弄组成街道。

新中国建立后，长江流域城镇的民居大多维持在二三层、四五层的高度。从上海的徐汇区到武汉的江汉区，房屋的样式的数量变化不大。1978年改革开放以后，长江流域的民居有了空前的变化。可以这样说，改革开放最明显的成就之一是城镇建设：小镇成城、小城成大城、农村变城市、矮房子变高房子。

长江各地都有新式楼盘。合肥市环城公园外围有许多新式民居，如西园新村有108幢楼，都围绕着西园湖，分别命名为桃源里、梅影里、松涛里、桂香里。新居如同公园一般，空气清新，林木茂密。

长江各地流行仿古建筑风潮。芜湖市有一条明清古街，它沿着青弋江北岸东西延伸，街面用青石板铺成，两旁是徽式建筑。街上有纪念梁昭明太子的梁孝文祠和为张孝祥建的状元坊，还有许多百年老店。古街号称十里长街，有33条街巷。无论是古建筑，还是传统商业，这里都是一个值得浏览的地方。

到了21世纪初，上海20层以上的高楼超过千幢，形成“水泥建筑森林”。南京、武汉、重庆的高楼大厦鳞次栉比。三四口之家的小家庭大多已住进了两室一厅或三室二厅。许多市民都已住在10多层的大楼里，还有人住在三四十层以上，推开窗子就可摘星揽月了。

在市场经济条件下，有一部分人先富了起来。为了满足这些人的生活要求，沿江各地修建了许多豪华别墅。别墅有楼上楼下，几百平方米，配有健身房、游泳池，居住条件已进入发达国家的水平。宅、园一体，换了人间。

长江源头的民居与园林

中国的两大河流——黄河与长江都发源于青藏高原。由于海拔高，气候寒冷，人们大多采用游牧经济生活方式，形成了独特的风格，犹以帐篷与碉房最有特色。

世界屋脊的居住风格

青藏高原的民居堪称是世界屋脊的建筑。

青藏高原本土很早就有民居文化。1978年，在西藏昌都县卡诺发现距今4000多年前新石器时代遗址，面积达1万平方米，有31座房屋遗址。它说明西藏文化不是外来输入，而且澜沧江沿岸很早就有了人类居住，还说明史前的青藏高原气候温和，草木茂盛，适宜人类生活。

青藏高原地势较高，气候寒冷。为了防寒，民居的墙壁厚实，坐北朝南，床铺靠近南窗。室内不高，一般在2.6米以内，进深较浅，减少散热面积。这种结构是人们长期生活经验的总结。

青藏高原的民居大多依傍山丘，背山面水。喜马拉雅山的南坡有许多“山城”，房屋临坡而建。中国与尼泊尔之间的樟木镇都有许多木板屋，沿着山坡而建，并伴着蜿蜒的青石板小路。现在有许多人到这个小镇做生意，带来了生气。

青藏高原的民居与宗教文化紧密联系在一起。从选址看，民居紧紧围绕寺庙发展。如拉萨的大昭寺是一个中心，八角街的民居环抱着大昭寺，表示对佛的虔诚。人们为了方便拜佛，为了得到佛的保佑，都主动地把民居建在庙宇四周。从民居的装饰看，民居大多采用了佛教的吉祥图案，如佛塔、“卍”字符，随处可见。

「大昭寺」

青藏高原有的房屋以圆木为顶，上覆厚土，屋内有热炕相连。西藏民居依地理位置不同，风格也不同。藏北以游牧生活为主，牧民习惯于住帐房。藏东南有大片树林，人们采用干栏式或地居式建筑。但是，最多的民居形式是碉房。

青藏高原的有些村落，到处都可见“万物有灵观念”的宗教装饰，几乎每个房顶都有经幡，每个门上都有崇拜图饰。民居大多有诵经的地方，经堂是住宅的重要地方。一般在正面靠墙处安装木制格架式的佛龛。龛下有壁柜，柜中存放经卷或法器。龛上摆着佛教经书。经书是宝物，用于镇宅避邪。为了表明对神的尊重，龛前常摆着铜制的净水小盅，并点着长明的酥油灯。

青藏高原的汉族民宅多是砖木结构，五组檩条。大宅常采用二架七檩结构，即双梁双扣，在大梁上再设两墩，墩上设二架梁。屋顶有七个组檩。宅门一般是四扇隔子门，窗子有揭窗和推窗。门楣和屋檐有雕刻的图案。

青藏高原的汉族人在建房时，用一个大瓷瓶装大仓粮、大海水、八宝、海龙、海马、天心、地胆、石燕等物，盖上红布，择吉日，把宝瓶埋在中宫或门口，认为家庭就会兴旺。民间在上梁之时，于梁面中心点凿一小孔，置入金银或铜钱，然后把洞口封住，写上吉祥语和日期，再用红布包住凿孔处。待中梁升起，宅主焚香奠酒，行叩拜礼。梁上毕，散发红枣、馒头之类。青海东部曾流行启财门的礼俗，新宅选定开门方位和吉时，司礼者行开门礼，祝曰："金门开，玉门开，金玉满堂滚滚来。福门开，财门开，钱马驮进福禄来。"第一位进门者须是福寿双全、德高望重的长者，称为踩门人。

随着社会进步，新式建筑在青藏高原大量出现。新式民居充分考虑到西藏地区高寒冷、高海拔、高地震烈度这样一些特点，建造利用太阳能的房子。通过建筑朝向和周围环境的合理布局、内部空间和外部形体的巧妙处理以及建筑材料和结构、构造的恰当选择，使其能采集、保持、贮存、分布太阳热能，从而解决建筑物的采暖问题。在青藏高原，已经出现内地一样的高楼大厦，一片片新楼盘拔地而起，旧貌换新颜！

「青藏高原民居」

帐篷、碉房、盐房

(一) 轻巧的帐篷

青藏地区在历史上既有游牧民族，也有农耕民族。一般说来，汉族以农耕为主，少数民族以游牧为主。直到现在，青海还有藏族、回族、土族、撒拉族、蒙古族、哈萨克族等少数民族。帐篷是游动人口的居舍。古代的字书《急就篇注》说："自上而覆谓之帐，帐者张也。"农耕民族在郊外宴饮，设帐；出征途中，设帐；举行野外庄典祭祀，设帐。帐篷主要流行于游牧民族，他们随水草而迁徙，不得不采用灵活的、轻便的、便于拆卸的帐篷。

「藏民的帐篷」

20 世纪 70 年代，长江流域规划办公室同有关部门组成江源考察队，原更生先生参加了这次活动，写了《大江探源》一书，其中谈到考察队的越野车离开青藏公路向西行驶了三天，仅看见四顶藏牧民帐篷。当到达长江的沱沱河源头峡谷时，竟惊奇地发现河边岗坡上有一顶藏牧民的帐篷。考察队员像当年哥伦布发现新大陆一样，简直不敢想信自己的眼睛。这里离冰川仅 6000~7000 米，竟有人家！

这户"江源第一家"有一对中年夫妻、两个女儿、一个老阿婆，他们在这里放养 300 多头牲畜，过着逐水草而居的游牧生活。原更生在书中写道：

> 我们在好客的主人的邀请下走进帐篷。这顶黑色帐篷是用牛毛编织成的。面积约十多平方米，中间开一天窗，可充作烟囱之用。四角柱撑，四周用牦牛毛绳子拴上羚羊角系之。帐房中间就地掘坑为灶，由灶分帐篷幕为左右两部，按一般藏族风俗习惯是男左女右，围灶席地而坐。地上铺有毡褥等物。后边作粪仓，装满了烧火用的干牛粪。

房内挂满了各种兽皮和肉干，许多宰杀的整个羊头堆在粪仓上。右边放着个小石磨，是磨青稞粉做糌粑用的。

青海的藏民多，他们几乎天天迁徙。惟有冬季，牧民才赶着畜群，来到沿湖的丘陵地带定居一段时间，三五户组成一群。他们在避风向阳的沟壑搭起帐房，等待春天的到来。

据仇保燕在《青海藏族风情丛话》介绍帐房的制作：每到夏季，当牦牛将换新毛之际，牧民拔下牦牛毛，捻成毛线，又织成一拃多宽的褐，又连褐为幅为幕。幕的四周用木橛或羊角打入地下钉牢，在幕中穿入一梁，用两根立柱支在梁下，幕外的四角用粗毛绳拽紧，这样，一座高可及颈的羊毛帐房就搭起来了。冬天，帐外四周要挖一圈排水沟，再用草皮或冻牛粪砌出一圈矮垣，正面修一道土墙。帐房内部按男左女右的居处划分，男女席地而坐，以灶为界。左边是男子居处，摆得是牛皮包裹的木箱或牛皮袋，装的是衣服或粮食。右边是女子居处，也是厨房，放有碗架。有的帐房外立着一根白经幡杆子，幡随风飘动，传说可以驱役鬼神。杆前往往有半人高的土台，台上堆着祭品。帐房内正中的位置常常供奉着神龛，龛前点着长明的酥油灯。帐房小的 10 平方米，大 20 多平方米。微型帐房的内空仅 2~3 米。

牧民在迁徙时，习惯于把帐房折叠，驮在牲畜身上。牦牛是“高原之舟”，它能负重一百多斤，牧民的家资全靠它四处转运。随着社会的进步，牧民逐渐流行白布帐房，这种帐房更简单、漂亮、轻便。它还可以造型，搭成尖顶、平顶、马脊式，其上还可绣各种图案。帐内摆着羊毛毡子，牧民围着灶吃饭或谈笑，享尽游牧的快乐。

「帐篷内部」

藏族的习惯是住帐篷，《新唐书·吐蕃传》记载：“其赞普居跋布川，或逻娑川，有城郭庐舍不肯处……部人处小拂庐，多老寿至百余岁者。”拂庐即帐篷。藏族的帐篷，一般是用土织的牦牛毛布缀成，大多呈长方形。牛绒毛捻纺的篷布粗厚耐用，可以防风挡雨。帐篷有大有小，小的 24 幅，中等的 32 幅，大的 48 幅，每幅约 1 尺宽。

帐篷轻巧，便于拆卸，有利于迁移。人们可以根据季节的变换而改变生活空间，根据特有的物产搭建居住场所，为传承游牧文化提供了保证。

（二）厚重的雕房

青藏高原普遍的民居建筑是碉房。每家一座独立的碉房，众多碉房组成一个自然村。碉房大多是石木结构，墙体略向内收。有的墙体用石砌，大方石之间垫碎薄石，以泥填缝；有的墙体是板筑土墙；有的墙体下层用石砌，上层用木材建构。碉房主要以墙体承重，又有柱网承重和墙柱混合承重。在构造上，一般在柱头上搁短斗，短斗上搁长斗，长斗上搁大梁，梁上铺檩条和木棍，再做楼面。碉房的建筑平面大多是方形，也有少数八角形、十二角形、圆形。

碉房一般有两层，少数有三层。下层是喂养牲畜和储藏房，上层住人。厕所悬挑出墙外。房间有卧室、经堂、厨房等。房顶是平的，四周有围边、排水孔。墙顶黑色线条，使建筑显得很明快。

碉房的厕所设在房上，悬挑出后墙，垂直而下有一坑，粪便可从楼上直接落入坑中，减少了清涮的环节。

由于冬天寒冷，四季风沙大，碉房的门窗都较小。有的在外墙的门后设隔墙，用于挡寒防沙。碉房外围的窗子很高，一般只有二层开外窗，这样能有安全感，并可居高临下观察房外的情况。为了加强采光的空气流通，碉房一般都朝南，并且尽可能加大开间的内部结构，院中朝南的门窗大，采用方格式窗子。

碉房一般都显得粗犷、古朴、稳重、厚实。碉房的墙壁上常常整齐地摆放着牛粪，这样可以腾出空间，牛粪也容易干燥。一个个圆形牛粪贴在墙上，化腐朽为神奇，颇具美感。有的家庭把牛粪堆在屋顶上。

碉房一般都是高墙大院。有的院中有水井。人们可在院中活动，并从事手工劳动。院子的石块大而厚。碉房也有美的装饰。有的碉房在门楣的

「碉房」

上方砌一个塔形装饰体，塔形体的左右两侧分别涂有土红色和黑色。有的把大门涂成黑色，用白色画月亮，用土红色画太阳，有的画牛角。黑白相间，颜色鲜明。门上有遮阳的装饰。有的在门楣上供奉神龛，内奉神物或玛尼石、或牛头。有的在门上悬挂风马旗。常见的是用草扎成牛头，牛头上有吉祥图画，画上有旗。

碉房也体现出图腾崇拜。日喀则地区有个甲瓦村，村民在自家院墙上都绘有蝎子图像。有的在房顶插着树枝，枝上挂有蓝、白、红、黄、绿五色布条，称为“塔觉”。

碉房内部的装饰，常用糌粑粉涂绘吉祥图案，或者用彩色粉笔绘图。最简单的是画三种颜色的色带，象征蓝天、土地、大海。外墙通常以白色为主，门窗有粗宽的黑色条框。有的在储藏室内的墙角上方供奉牛角、青稞，并贴有吉祥图画，表示盼望丰收。碉房装饰，常见的是五种颜色，每种颜色都有相应的文化涵义。蓝色象征天，白色象征云，红色象征火，黄色象征土，绿色象征水。

青海的玉树、果洛等地区流行碉房，又称碉楼。碉房下宽上窄，以石砌成，外观不见木材，倚山而建，宛如古城堡。古代的羌族人常修建三层碉房，下层沤粪、养牛羊，中层是卧室和贮藏室，上层存放物品。房顶是平的，可以晒粮食。

由于青海在古代是东西通道，人口流动频繁，商旅骚扰征战，社会往往不安定。于是，羌族人加高碉房，建成碉楼。碉楼有六七层、甚至有十几层的。碉楼有的是四角形，有的是六角、八角，下层很厚，有的厚达1米，由下向上逐渐收缩，呈梯形。外壁很光滑，不可能攀上去。楼上有瞭望孔，可以观察四周的动静。它实际上是军事碉堡炮楼，经得起枪弹，是防御型的掩体。

西藏错那县勒布沟地区门巴族的碉房很有特色。以石块砌墙，屋顶为人字形，二层或三层。顶部以木板为底，再加上石片。房子的底层关牲口，中层住人，上层堆放秸秆和草。中层有内外间，外间有火塘，内间是储藏室。人们在外层活动，白天接待客人，晚上睡在火塘边。全部建筑都用木材或竹子，不用钉子，甚至锁也是木制的，木钥匙长五六寸，很坚固。人们在二楼地板上铺粗毛毯或兽皮，和衣而眠。

(三)有趣的盐房

青海的柴达木盆地海拔2600~3100米，总面积20多万平方千米，周围群山环抱，中间是个聚宝盆。洪荒遥远时代，这里曾是个大湖，由于漂移的印度板块推挤，喜马拉雅山隆起，使柴达木与外隔绝，太阳蒸发了湖水，形成了巨大的盐湖。

柴达木盆地是盐的世界。人们“挥盐如土”，走的是盐巴路，住的是盐巴房，甚至连厕所也用盐巴砌成。盆地中南部的察尔汗筑有一条长达30千米的公路，全部用盐堆积而成。这条盐路被称为万丈盐桥。在路边的民居大多以盐巴建房。盐房可以不打地基，不怕重压，不怕火烧，就是怕淡水。淡水会使盐块溶化，危及房屋安全。当地保护房屋的规矩是不得随便到处泼水。盐巴房用盐块垒成，有尖屋顶，远处看来亮闪闪的。盐房仅仅只在盐湖流行，别有趣味，吸引着游客观览。

高原的园林

(一)罗布林卡园林

西藏的园林大多是寺庙园林。在布达拉宫西南有一座美丽的罗布林卡园林。罗布林卡的藏语意思是“宝贝园林”。起初，这里是一片柳林，五世达赖曾到此消夏，清驻藏大臣为七世达赖修建了凉亭宫。公元1851年开始建园，成为达赖的宫。每年藏历四月至九月，达赖常在此办理公务。1957年建成新宫。现全园占地36公顷，分宫前区、宫区、森林区三部分。园内有亭台池榭，松竹点石，林木茂密，成为公共园林。

高原的民居与园林有时形成一个整体建筑。西藏扎朗县有一个朗色林庄园，至少有300多年，传闻是吐蕃王朝藏王朗达玛女婿所建，因布局和

「朗色林山庄」

外观很像朗色神（当地供奉的财神）居住的地方而得名。庄园建筑外围呈正方形，四角有碉楼，内外城墙之间有壕沟。园中主楼有七层，平面呈长方形。底层是牲畜圈，二三层是园主的卧房，七层可俯览园外环境。庄园内还有一些小房屋，如马厩、奶牛圈、磨房、染房、纺织机房。庄园的右前方有一大片树林，其中有梨树、石榴树、桃树，还有芍药、月季等花卉。

(二)民众享乐的公共园林

青藏高原也有一些让广大民众享乐的公共园林。

在西藏布达拉宫后面有龙王潭公园。在17世纪时，为重建布达拉宫而在此取土，挖了人工湖，湖中有小岛。以后，在岛上修建了亭阁。亭中供奉九头龙王。小岛和陆地连接。夏天可在湖上泛舟，冬天可溜冰。园中有清代的“御制平定西藏碑”“御制十全记碑”。现在还建了儿童乐园。园中芳草茵茵，生机盎然。每逢藏历四月十五日，藏民总是来此欢度放生节。

在布达拉宫南侧，西近药王山有文化公园。1965年为迎接西藏自治区成立而修建了影剧院等建筑，又在广场东挖湖叠山，修建亭台曲桥，建成了公园。影剧院有朱德书题“劳动人民文化宫”。公园依傍的药王山北坡较缓，可登上去俯瞰市区。清初在山顶建有药王庙，庙内有藏医资料。山下有泉，藏族同胞称之为药水。

青海的西宁市区有一些公园，如人民公园、文化公园、朝阳公园、柴达木公园、南山公园、植物园、湟水森林公园等。公园以人工湖为核心，湖面面积近百亩。主要游乐设施有花卉区、儿童游乐区、动物观赏区及美术展览馆等。动物园里大多是青藏高原所独有的动物，如野牦牛、岩羊、藏原羚、白唇鹿、野驴等。

> 人民公园位于城西湟水与北川河交汇处南岸，于1959年始建，后经数次扩建，现占地40余公顷。

西宁城西区杨家寨有公元4世纪的南凉遗址，称为虎台遗址，台下可陈兵10万，台上用于军事检阅，现仅存土丘。南凉遗址是东晋十六国时期南凉王在西宁建都时的重要遗迹，至今已有1600多年的历史。1957年它被确定为省级重点文物保护单位。现在，此遗址已经成为虎台公园，主要景点有辕门、阅兵场、玉玺和铜鼎、三王雕塑、修复的土台、篝火台、将军亭、文物展厅等。2006年4月30日，西宁南凉虎台遗址公园正式开园。

青藏高原耸立在中华大地的上端，位于长江流域的上游，有高大的雪山，有清澈的江源，有朴实的民居，有奇特的园林，每年吸引着无数游客前往朝拜这片神圣的净土！高原上总是回荡着悠扬的歌声：是谁带来远古的呼唤，是谁留下千年的祈盼，难道说还有无言的歌，还是那久久不能忘怀的眷恋！

「青藏高原」

云贵川民居园林

在长江上游的云南、贵州、四川，有众多的民族居住，而且少数民族文化很丰富。古代的传统文化在这一地区有许多沉积，保存为原生态，且有多样性，民居与园林文化也非常精彩。

多彩云南

一、风格迥异的少数民族民居

云南居住着许多少数民族，各族人民在长期的生活与生产中创造了各具风格的民居。云南少数民族的村落往往有寨门。大门由两根大柱分立两边，设双开大门，门有粗杠横档为闩，早晚有人开启关闭。村落有水沟、吊桥，防止外人进入。

彝族建筑颇有特色，居住形式有坡顶建筑、土掌房建筑、木楞房建筑、一颗印建筑。据郭东风在《彝族建筑文化探源》一书中说，云南彝族民居受地理条件影响：高寒、酷热、少雨地区多采用土掌房建筑形式，多雨地区则采用草顶建筑，盛产麻的昙华山建有麻秆房，林区边缘建有井干式的木楞房。在云南靠近四川一带，由于重牧轻农，人们建有许多棚屋；在靠近贵州一带，人与土地关系较为固定，建有较大规模的院坝。院坝往往由二幢或三幢建筑围合而成。正房多是三开间，正中一间开有大门，左侧为主人内室，右侧为杂物间。此外还有晒晾棚、牲畜房、厕所等。火塘在明间。一般搭的简易楼台，堆放粮食或供子女住。受汉族影响，许多民居有屏风、天井。

「彝族土掌房」

据有关资料，云南新平鲁魁山大寨很有观览价值。全寨 360 户，家家房顶连通，人们可在平面屋顶上行走，高房和矮房的屋顶有楼梯连接。家里的前门通屋顶平台，后门通寨内道路，寨内道路兼作排水沟。类似的村寨在云南的哀牢山地区还有许多，少则二三十户，多则上百户，屋顶平台成为日常生活的主要场所及道路。

纳西族民居的外貌有明显特征：外墙砌不到顶，后墙上部用板枋材隔断，两端山墙用“麻雀台”压顶与山尖隔断，出檐悬挑显得很深邃。山尖悬串一块很长的悬鱼板。墙体从下到上往里微微倾斜，屋面舒展柔和，使房屋构造轻盈飘逸。纳西民居是木构为骨架，以木结构为主的土、石、砖、木混合构造体系。因构造种类众多，房屋造型多样，内容丰富。每种构架式都有其名称，各种构架组成的房屋以构架式命其名称。不论城乡，家家房前都有宽大的厦子（即外廊），这样便于人们的活动。

纳西族有一种“三坊一照壁”的房屋结构。坊，通“房”。布局为四方形。正房居中，耳房一方，畜圈一方。正房并排三间，中间是堂屋，两边是住房，上下有两层，屋檐很宽。当中是天井，地上嵌有瓦石构成的图案。纳西族建房，特别讲究立中柱。立中柱时要举行仪式，以木柜装粮，以坛子盛酒，以鸡血滴入粮食和酒坛。有的地方立一根中柱，有的立两根中柱，左为男柱，右为女柱。中柱要粗壮笔直，并生长在向阳的坡上。上山砍柱时要杀一只白毛母鸡献山神。砍柱时要让树尖倒向东方，把树尖上的树叶摘来烧天香。

「“三坊一照壁”模型图」

纳西族把居住场所称为一梅（摩梭语）。他们把房间分为五个部分：正室作为待客、议事、炊事、祭祀的场所；左室为卧室；右室陈放用具，如碓磨、大灶；后室是库房；走廊用于穿行。正室的中间一般设有火塘，火塘的后面上方供有神龛，龛中供灶神。火塘左边是主位，右边是客位。左边放有大柜。人们在劳作之余就围着火塘席地而坐，妇女从事炊事，儿童在一旁玩耍。

纳西族曾经有一种称为“花骨”的住房，是摩梭人用于阿夏婚的建筑。阿夏婚是母系氏族社会遗传的文化。在母系家庭中，妇女有“花骨”，作为接待情侣阿夏的房间。“花骨”有床铺、箱柜，有的还有火塘。

白族崇尚白色，其建筑外墙均以白色为主调。白族民居多为二层楼房，三开间，筒板瓦盖顶，前伸重檐，呈前出廊格局。墙脚、门头、窗头、飞檐等部位用刻有几何线条和麻点花纹的石块（条），墙壁常用天然鹅卵石砌筑。山墙屋角均用水墨图案装饰，典雅大方。木雕艺术也广泛用于格子门、横披、板裾、耍头、吊柱、走廊栏杆等，尤以格子门木雕最为显眼。白族民居很重视照壁。照壁用白灰粉刷，壁上写吉祥的字。白族民居的平面布局和组合形式一般有“一正两耳”、“两房一耳”、“三坊一照壁”、“四合五天井”、“六合同春”和“走马转角楼”等。屋面用筒板瓦覆盖，前面重檐，形成前出廊格局。房屋采用穿枋式支撑结构，可以抗震。

德昂族民居多为正方形的干栏式竹楼。这种竹楼多用木料做主要的框架，其他部分例如椽子、楼板、晒台、围壁、门、楼梯等均用竹子为原料，房顶则覆盖茅草。德昂族的房子大多依山而建，以木材做框架，以竹子做围棚，茅草盖房顶。屋中间用竹篱隔开，形成前后厅，厅内各有一个火塘。前厅住男人，后厅住女人。竹楼前后都有门，男人和客人从前门进出，女人从后门进出。有的地方是一家一院，有的是三五户共住一幢楼房，房内有过道，依次为小家庭住室。山区的民居、特别是少数民族的民居都有火塘。火塘关系到人的饮食和健康，所以很讲究，有许多规矩。

傣族的居民建筑以干栏式竹楼为主，也有厚重结实的平顶土掌房。土掌房系土木结构，一般为两层，一楼住人，二楼堆放粮食和杂物，牲畜单独建圈。土墙有两层，厚达三尺，对防热保凉、防寒保暖起到了独特的功效。土木夯实的平面屋顶厚达 5~10 寸，夏夜可在平顶上纳凉，秋收时又可在顶上翻晒谷物，有效地利用了空间。

傣族人安火塘，要请有身份的、有福气的人来主持。一般由男主人立好三角架，女主人抱柴生火，老人祷告。火塘安好之后，不得随便移动，人也不得从上跨过。烧火时，从两侧递柴，女人坐里侧，男人坐外侧。傣族讲究竹楼的柱子，有的选 36 棵，有的选 48 棵，甚至还有选 64 棵的。只有土司家的木柱允许竖在石墩上，并且在柱上雕刻花纹。一般的竹楼立 8 棵中柱：4 个

「傣族竹楼」

角立 4 根，火塘旁立 2 根，房中间架梁立 2 根。这 8 棵中柱分别称为男柱、女柱。男柱称为绍岩，要直，树干上要有小枝丫，象征男性生殖器。竹楼建成后，中柱的楼下部分不许拴牛马，楼上部分不得随便挂东西。

仫佬人居住的总体特点是“聚族而居”。仫佬民居多为砖墙、瓦顶、矮楼建筑。仫佬族的火塘，一般在堂屋门内的左侧，挖地 1~2 尺深，砌成地炉，炉火一年四季都不熄灭。炉旁固定埋有瓦坛罐，其中装水，保证随时有热水用。

仫佬族的民居一般独家独院，有门楼，有围墙，中隔天井。许多房屋的朝向是“不正南正北”，朝向不一致。这是由于仫佬先人迷信风水，认为某年建屋某方向吉利，门楼就朝这个方向建。有些连片的房屋是户户相连，户与户之间都有侧门相通，出正屋后门，就是后邻家的天井。除有巷道相隔或独立建房者外，数十户几乎可以串通无阻。

普米族建有木楞房。木楞房把四根松木架成四方形房格，作为房基。然后依次往上排列木料，留出门窗的位置。

佤族一般多为草木结构的楼房，上屋住人，下层栖畜。室内有主、客、鬼三个火塘。主火塘供做饭用，客火塘用作调制牲畜家禽饲料，鬼火塘专供祭祀之用。人们称大房子为“尼阿亭”，采用竹木结构，房顶以茅草覆盖。“尼阿亭”限于每年 2 月修建，以猪、牛、鸡、鼠献祭。人们把牛血涂在梁柱上，把崇拜的飞禽——木刻燕子竖在屋脊，并供奉着祖神。房子的四壁用石灰、黑炭绘画，作为装饰。有的在房后设鬼门，用整木挖成椭圆形洞，上装 20 厘米厚的木门，上刻一裸体男像。鬼门还供有天地、祖先神位。据说鬼魂由鬼门出入，死人只能从鬼门抬出。

「佤族民居」

(二)空中楼阁——干栏

云南流行干栏式建筑。干栏流传已久，《魏书·僚传》记载：“依树积木，以居其上，名曰‘干栏’。”实际上，干栏在史前社会就已流行了。

南方潮湿，山区的土地不平整，树木很多，蛇蝎出没，这些条件促成了干栏的产生。人们以木材搭成楼阁，楼下无遮拦，有的在楼下堆放杂物、饲养牲畜。人们住在楼上，可以防潮防虫，得到凉风。

唐代樊绰曾到云南进行考察，写了《蛮书》，介绍当地的风土人情，其中也谈到干栏建筑："凡人家所居，皆依傍四山，上栋下宇，悉与汉同，惟东西南北，不取周正耳。别置仓舍，有栏槛，脚高数丈，云避田鼠也，上阁如车盖状。"

干栏的基本要素：

晒台，俗称"展"，从地上架柱为台，以竹木铺之，作为进入楼上房间的过渡。晒台上可观看周围的景物、乘凉、晒衣、娱乐、干家务。晒台无顶，使人有开阔的感受。

楼柱，这是支撑竹楼的基础，柱子以粗竖为宜。柱子 5 排、7 排不等，排列有序，颇有讲究。

楼顶，八字形，中间高，两边下垂，便于流水。以茅草、木板、竹条等覆盖，有的压上石块，以免风吹。

火塘，设在楼上堂中，以黄泥、石灰、砂砾等羼合铺垫，防火隔热，其上架灶。

同样是干栏，傣族与景颇族的建筑风格有所不同。刘致平在《中国居住建筑简史》第五章写道：傣族的干栏多为竹楼，铺竹或草屋顶。景颇族干栏的特点是屋顶为长脊短檐式，其山面山尖的屋顶部分挑出较深，可以使墙面少受雨淋，而檐短又可多接纳阳光。

干栏有木制、竹制。傣族的干栏大多是竹制。每个竹楼单独耸立，相互可望见而不连接，这样便于生活，也可防火。竹楼是方形，上下两层。屋项呈倾斜状，便于排水。楼下有数根木桩或竹桩，墙壁用竹板。楼上有阳台、走廊，阳台用于纳凉、洗晒。室内有内外间。外间客堂装有火塘，火塘以土垫实，以防火灾。人们在客堂进餐。内间是卧室，客人不得随便进入。

基诺族曾经流行大竹楼，由父系大家庭成员集体居住。大竹楼长 30~40 米，宽 8~10 米，坐北朝南，东面是正门，有一个晒台，一道门内有个大火塘，二道门内有一排小房，房中有小火塘。小家庭在有小火塘的房间吃住。大家族有事情，则全部到大火塘房议事。这种大竹楼可以住几代人，少则几十人，多则 100 多人，财产共有，集体劳动，男性家长有绝对支配权。

（三）方形图章——一颗印

云南、贵州、四川都流行“一颗印”式民居。这种房屋的四面转角处都有房子相连，俯视如同一颗方正的印章。“一颗印”式民居至少有两层，采用外围封闭式，对外不开窗或在高墙上方开小窗。“一颗印”式住宅，大门居中，“倒八尺”分位。有的人家在大门内有屏门，屏门两侧出入。楼下正房堂屋为敞口厅，用于会客。厅前有天井，可排水。有的人家有两进天井。楼下耳房养牲畜，堆柴草杂物。楼上正房中堂供佛或祖先。外面多用桩土墙。

「昆明“一颗印”式民居」

昆明的民居形式大多采用“一颗印”式，布局方正严谨。大门在南部正中，以“三间两耳倒八尺”为普通式房型。三间：正房三间两层，朝南，有南廊，在廊檐晒物。两耳：两边有耳房，耳房有两间或四间。倒八尺：楼前有天井，天井南边有八尺宽的杂用房，向北倒置。房屋以土坯筑墙，筒板瓦为屋面，以穿斗落地木柱为屋架。昆明和丽江的住宅样式有些不同。刘致平前往考察，作了比较分析。他在《中国居住建筑简史》第五章说：云南最美丽生动的住宅要算丽江。那里的住宅也是常用“三间四耳”的三合头“一颗印”或“四间四耳倒八尺”的四合头“一颗印”。它同昆明一带不同的地方即是多用雄大的挑山、出檐，而昆明多开大窗。窗格都很美丽精致。昆明等处的住宅外墙全是光光墙面，仅有几个小夹墙窗作为瞭望及防守之用。或出一道瓦檐。其檐角错落相交、窗棂绮丽、墙面光平，形成明快的面貌。

云南南华县，至今仍保存着秦汉时代流行过的井干式住宅。井干就是用原木叠落成的墙壁，不用木柱。横线条的井干，配上大悬山屋顶，显得古朴。但是，在木材十分紧张的现代，已不适宜再造此类房屋。

(四)滇池与洱海的园林

云南最大的城市昆明很美，美的精华在滇池。滇池是高原上的一块明镜，也是世界上的名湖。滇池旁的大观楼有一首“古今第一长联”久负盛名，它出自清人孙髯翁之手，把滇池及其文化描写得淋漓尽致：

上联：五百里滇池奔来眼底，披襟岸帻，喜茫茫空阔无边。看：东骧神骏，西翥灵仪，北走蜿蜒，南翔缟素。高人韵士何妨选胜登临。趁蟹屿螺州，梳裹就风鬟雾鬓；更苹天苇地，点缀些翠羽丹霞。莫辜负：四围香稻，万顷晴沙，九夏芙蓉，三春杨柳。

下联：数千年往事注到心头，把酒凌虚，叹滚滚英雄谁在？想：汉习楼船，唐标铁柱，宋挥玉斧，元跨革囊。伟烈丰功费尽移山心力。尽珠帘画栋，卷不及暮雨朝云；便断碣残碑，都付与苍烟落照。只赢得：几杵疏钟，半江渔火，两行秋雁，一枕清霜。

没有滇池之美，就没有昆明之美。可是，20世纪的滇池已经受到很大的污染。城区的污水都排入滇池，还有许多垃圾漂在池上，水草笼罩池面，船行池中，一股股腥臭味，令人掩鼻而逃。到了夏季，南风把池上的秽气吹到城区，实在难受。许多环保学家都在呼叫：救救滇池！现在，国家已把治滇列入了重要的环保工程。

滇池北面湖滨有大观公园。清代，湖北人乾印和尚在此创建观音寺，后来又有人修建涌月亭、大观楼、澄碧堂。大观楼为三重飞檐、琉璃黄瓦，登楼骋目，浩瀚滇池尽收眼底。在大观楼隔水之处有楼外楼，造型似船舫，二重檐厅楼。从楼外楼乘木船摆渡，不远处有大观南园。这里原是鲁家的私人花园，小巧玲珑。池边有石舫，舫上有六角亭，可赏花观鱼。

「大观公园」

在滇池西岸有西山森林公园。西山

由碧鸡山、太华山等山峰组成。从远处看西山，山形似睡佛，俗称卧佛山。西山的林木茂密，涧壑流泉，生态保存较好。山上有不少人文景观，如华亭寺、太华寺、三清阁都是很精美、很有气势的建筑。华亭寺原称圆觉寺，后毁于兵火。1920 年重建，由钟楼、天王殿、大雄宝殿、禅房、客堂组成。大雄宝殿内塑有三世佛和五百罗汉，寺内花团锦簇、云树烟海。太华寺是西山最大的寺院，背依山峰，面向滇池，其中的缥缈楼建于明代，一碧万顷楼是观看滇池日出和晚霞的最佳地点。三清阁建在罗汉山的悬崖峭壁上，险峻壮观。从楼阁上可俯视滇池全景。从三清阁到达天阁之间有许多精美的石雕，称为龙门艺术，这是西山的精华。

在昆明北郊龙泉山有黑龙潭公园。这里有两个潭，一个是黑龙潭，深约 11 米，潭边建有观鱼楼。另一个是浑水潭。两潭相通，两边的鱼却互不越潭。黑龙潭公园有黑龙宫和龙泉观。黑龙宫有三重院宇，古朴幽雅。龙泉观有北极殿、玉皇殿、三清殿。公园内有许多奇花异草，其中有两株重瓣红梅栽种于唐代，树旁有清代人立的唐梅碑。还有两株宋代栽的柏树，大的一株需四五人才能合抱。此外，还有艳丽的明山茶，令游人不忍离去。

在昆明市五华山西麓有翠湖公园。起初，这里是一片沼泽，有 9 个水泉冒水。清代开始在这一带建碧漪亭、莲华禅院、庆云楼等。1949 年以后扩建为公园。公园面积约 22 公顷，有湖心亭、观鱼楼、水月轩、八角亭、九曲桥、九龙池、海心亭等景点。

在云南路南彝族自治县有著名的石林风景区，在 350 平方千米的范围内分布着如同森林的奇峰怪石，人们称为石林。石林的主要景点有大石林、小石林、外石林、紫云洞地下石林、石林湖、狮子山等。有的石峰似剑，有的似蘑菇，有的似塔，高高低低，5~30 米不等。

石林景点的门户在绿芳圹，绕过巨大的石屏风，就进入了“石林胜境”，其后有“剑峰池”等景观，总称为大石林。

大石林有座莲花峰，如巨大的石莲挺立。周围的石峰如同林原。在大石林东北 10 千米处，有一片黑山石林，岩柱呈灰黑色，俗称黑松岩。黑松岩附近已发现几个大溶洞，其中的一个白云洞深 300 余米，洞口有天然舞

「 石林风景区 」

台，洞内有暗河，在距大石林38千米处，有飞龙瀑，瀑高90余米，冲下深渊，雾气升腾，几里外都可听见隆隆水声。在大石林西北5千米有芝云洞，洞深370余米，洞内的天然造型生动，有多条暗河。大石林东约9千米有奇风洞，洞中一会儿喷出气流，一会儿吸进气流，洞下水声如雷，不知深浅如何。石林有许多名贵树木花卉，山茶、杜鹃、报春、玉兰为四大名花。这一带的少数民族以撒尼族为主，他们热情好客，人人会讲阿诗玛的故事。每到农历六月二十四日，撒尼族就要举行盛大的火把节。

云南西部的大理市是个很美的城市，有“东方瑞士”之称。苍山洱海构成了一个天然的大园林。在苍山，有“云、雪、峰、溪”四大奇观；有“西南胜览无双寺，苍洱驰名第一山”的荡山感通寺；有“龙泉涌出三尊地，凤眼生成一洞天”的凤眼洞；有每年4月的蝴蝶大聚会；有高山花卉植物保护区花甸坝。花甸坝以花闻名于天下，此外有30多种杜鹃花，形成了高山上罕见的花海。湖中的金梭岛，古代南诏王曾在上面建过避暑行宫，迄今已发现南诏时特有的字瓦、布纹瓦。湖中还有一个小普陀，形似印章，岛上有观音阁。

七彩贵州

(一)侗苗山处

侗族是古代从云梦泽迁到黔地的。贵州侗族分为“北侗”“南侗”两个部分。两地民居各有特色。北侗地区的民居与当地汉族的民居极为相似，一般都是一楼一底、四榀三间的木结构楼房。南侗地区民居建筑一大特点是层层出挑，上大而下小，占天不占地。每层楼上都有挑廊。廊上安装栏杆或栏板。侗寨建房往往围绕鼓楼修建，周围配套侗戏楼、风雨楼、鼓楼坪，形成放射状，象征着团结。

侗族大多依傍着都柳江而住。都柳江发源于独山县南部，流经榕江县等地。侗族擅长木石建筑，如鼓楼、桥梁。有诗赞道：“百年木楼身不斜，一身杉木坚似铁。”

鼓楼是侗寨的活动中心，少则5层，高则十几层，重檐斗拱，雕梁绘柱，代表了侗族文化的结晶。侗族还流行风雨桥，桥廊有瓦檐和栏杆，可倚可坐。

贵州与湖南、广西交界处分布着侗族村寨，当地有大片杉木，房屋用杉木建成。一楼放舂米的石碓、杂物。二层是卧室和厨房。三层是客层。木楼以榫接而成，整体抗震，既使歪斜也不会倒塌。当地的工匠凭经验建房，一代一代口耳相传，形成规矩。特别是建造鼓楼有严格的定式，材料、榫眼、数字，都按祖辈流传下来的要求。木楼相互之间挨得很密，侗族人最怕火灾。侗族许多房屋前有消防用的水池和木桶，有的把粮仓建在河对岸的山坡，以防不测。每晚有喊寨员值班，叫人睡前熄火。

侗族建房，一般都要请有经验的老人查看屋基，以地势平缓、群山环抱、坐北朝南、通风向阳的地点为最理想。侗族多居“干栏”楼房，设有火塘，这既是“祖宗”安坐之位，也是全家取暖、烧饭的地方。火塘两侧或第三层楼上是卧室。

苗族多居住在山区，住房多以树栅为墙，削树皮为壁，或以土夯墙，竹片或木片做瓦，内分卧室、厨房和畜厩，摆设简单。部分苗族居住在坝区，住房亦有水土结构的瓦房，内分三室，左右室各设一侧门，中室设大门，亦即正门。

「苗族民居」

在黔东南，苗族的村民在山坡上建宅，夯土为墙，木梁上盖瓦。布局以厅堂为主，人们的主要活动都在厅堂。厅堂的门槛高过膝盖，以免小孩从厅堂跑出来了。厅后有很宽敞的厨房，村民用竹筒把泉水引到家中的水缸，免却了挑水之劳。

黔东南雷公山一带的干栏式吊脚楼很多，三五十户形成一个自然村。吊脚楼傍山依水，凌空高悬，楼前有悬窗取光。吊脚楼象征男性，圆仓象征女性。吊脚楼有牛角形门纽，堂屋有祭祖的牛角。

贵州雷山县郎德上寨始建于明代洪武初年，距今600多年，民居全都建在依山傍水、竹木掩映的坡地上，错落排列，不拘朝向。通过三个寨门进入村里，有四条纵道，数条横道。屋基都是用村前望丰河坝的条石、鹅卵石铺砌成，木楼都采取曲栏、回廊、吊脚，配小青瓦屋面。寨民朴实，保存着走客闹寨、祭桥、扫火星、打口嘴等习俗。1986年，政府投资，在此兴建民族民俗村，发掘固有的文化，拓展旅游事业。游客进村，有12道迎客拦路酒，伴有敬酒舞、踩铜鼓，很有乡土情趣。

布依族民居因其所居地区不同而样式各异，有石板房、茅草房、夯土房、吊脚楼。在安顺地区镇宁县有个石头寨，居住着布依族人。寨子周围有很多石头，有可一层层揭开的、薄厚基本均匀的、平整的大石板，这种薄片石来源于水成页岩。人们就地取材，房屋尽可能全用石材。无论门框、窗棂，还是台阶、屋瓦、墙垣，全部用石块、石板砌成。房内外的家具也多是石制，如石桌、石凳，石灶、石钵、石缸。石板房的第一层是牲畜圈，第二层住人，第三层是杂物房。房门、房窗较窄，防止跨度太大不牢固。房间多是奇数，奇为阳，阳间为吉。

在凯里市以南，有一座民俗村寨博物馆，它是贵州少数民族民居的集中体现。复制的苗族、侗族、布依族、仡佬族、彝族、瑶族、土家族、水族民居建筑，朴实而自然。

贵州的山洞很多，历史上曾有穷人住在洞中。考古工作者在贵阳郊区发现一处修在半山腰的天然溶洞，原是明代苗族人为躲避官匪的地方。洞中有四个互通的大厅，厅里有石头垒成的小房，还有水井、炉灶。这说明长江流域也有穴居的情况，虽然山洞湿闷，在迫不得已的情况下也只好住进洞中。

(二)贵阳的民居园林

明代的心学大师王阳明曾被贬谪到贵州3年时间，他在贵州设馆办学，培养了许多人才，深受贵州人民敬慕。清代，地方官员在贵阳市东郊螺丝山麓修建了园林风格的阳明祠。阳明祠背负芙峰，面对城区，四周古树参天，幽静肃穆。祠旁原有尹公祠，祭祀东汉桓帝时学者尹珍（贵州人）。此外，在修文县城北龙岗山有“阳明别洞”，洞内平整，洞下有何陋轩。洞前有两株古柏，传说是王阳明亲手所植。

贵州近代出过一名杰出的外交官黎庶昌。他于公元1837年出生在遵义，光绪年间两次出使日本，搜集唐宋以来的古籍，编印了《古逸丛书》。他在光绪十年（公元1884年）回乡奔母丧，把住宅称为拙尊园。住宅是木结构，一列三间，背倚禹门山，前有花园，远处有乐安江环抱。黎庶昌在此著有《拙尊园丛稿》。

贵阳的扶峰山、栖霞山、黔灵山、森林公园、地下公园有很优美的风景。扶峰山的山石多成螺旋形，山间有扶峰寺。扶峰寺左侧有阳明祠，寺内有仓圣楼、字冢楼，楼前有四时不竭的清池。栖霞山又名东山，山上有东山寺、奎星阁、龙船石等景点。黔灵山有珍禽异草，猕猴成群。

贵阳市东南有森林公园，入口处不仅是公园的门户，也是贵阳的门户、黔南第一关，历来是军事要塞，人们称为图云关。走进图云关，出现一片3000多亩的森林，有香樟、马尾松、银杏等树木，还有野猪、猫头鹰等野生动物，一片天然野趣。

「贵阳地下公园」

贵阳市南面有地下公园。它处于小车河畔，有一突起的孤山，山内有白龙洞，洞里有各种形态的钟乳石，还有浅池和暗流，如同一幅立体画廊，故被称为地下公园。

贵阳市内还有文昌阁、华家阁楼、甲秀楼，这三处胜景有林木环拥，清静幽雅，可以登临观览。甲秀楼有楹联赞美说：“缓步登临，领略些画图烟景，恍觉蓬莱咫尺，招邀仙侣游踪。”

贵阳市的郊区花溪是黔地红土高原最美的花园，南明河纵贯景区，景区有麟山、凤山、龟山、蛇山。麟山上有飞云阁，龟山上有杰阁，阁上可俯视整个花溪。只见南明河上有石磴百具，上游大坝的湖水如镜，湖畔有奇花争艳，村寨落其间。

(三)黄果树大瀑布

贵州西南部有黄果树大瀑布，1982 年列入第一批国家级重点风景名胜区。这一带有许多溶洞、奇石，尤以瀑布星罗棋布，大型瀑布 18 处，地下瀑布 14 处。黄果树瀑布宽 81 米，落差 67 米，瀑脚冲蚀潭深 17 米，瀑布的水雾随风可漂洒到毗邻的街道。在瀑布的崖壁上有水帘洞，洞内有钟乳石和泉水，在黄果树瀑布西北 8 千米有龙岩山多级瀑布，它的总落差为 40 米，分为三级，瀑水如天落狂飚，异常壮观。在黄果树瀑布下游 8 千米有天星桥石林、水中石林，形成岩溶奇峰。在王二河上游一带有个巨大的地下龙宫，龙宫门高 50 米，宽 25 米，门内有一落水洞，洞顶有飞瀑降下。龙门一侧可向上攀，经一线天到达天池。从天池的暗潮口乘舟可进入龙宫，龙宫是地下湖，一个个的大洞，组成串通的地下迷宫。

天府四川

(一)四川民居

「四川民居」

一方水土必然形成一方特色。刘致平在《中国居住建筑简史》第五章把四川与云南进行比较，认为四川民居的风格是：楼房小而多用平房人字坡顶，城内瓦房不用筒瓦，只用板瓦，并常用雄大的挑山（即悬山），以防雨水淋湿墙壁；天井较云南及长江中下游为大；因四川多竹，所以最常用土墙。乡间用竹架草房及土墙也很多。平面布置仍是一颗印制度。四川的平房天井大，显得安定稳重，墙壁多白灰夹泥墙或板屋，屋顶挑出大悬山，显得雄伟而轻快。屋顶相交作出各种各样的衔接方法，使房屋风趣而不呆板。

考古已经发现大批汉代画像砖瓦，如在四川德阳出土的汉代画像砖上有雕刻的住宅庭院。其布局是：以栅栏为大门，分为左右两部分，左部分门内有前后两个大院，以回廊连接。前院养有家禽。后院有座面阔三间的单檐悬山式房屋，这是接待来客的地方。右部分也分为前后两院，前院是厨房、水井、晒衣的场所，后院有个三层高的塔楼，底层有梯，中层有房，上层可瞭望。据推测，这个庭院应是有一定地位的官人或贵族的住宅。

四川民居受地形制约而形成独自的风格。由于盆地湿热，民居必须出檐以挡雨，又必须敞开门窗而使空气流通。由于山地较多，民居建在山坡，横向并列，不宜纵深发展，因地制宜，不拘方向。以务实为特色。

四川有丰富的建材资源，街道或天井以大青石铺盖。木材很多，以熟桐油刷在表面以防腐。遍地是竹子，常以竹代木。四川民居流行穿斗式木架构，以柱承檩椽，很少用梁。柱密，柱间穿插枋木。这样，可以使较小的木材发挥作用，不必到深山老林砍粗树。

在成都50千米以外，位于彭山、仁寿、双流三县之间的黄龙溪镇，这里保存了古街、古民居。古街临水，青石铺路，3~5米宽，两边的房屋有檐廊，廊内可摆摊，街心是道路，便于人来人往。檐廊里面是住宅或店铺。住宅多是前铺后居或下铺上居，宅内有小天井。临街的出檐可在夏日遮荫，冬天挡寒，雨季防水。建筑材料以木材为主，房屋大多采用穿斗式木构架，木板壁，青瓦屋面。这里已成为民俗旅游新景点。

四川的成都平原以农耕为主。人们的生活习惯与江汉平原、太湖平原的情况大致相同。大户人家的民居讲究中轴线，大门开在中轴线上，俗称龙门。进了大门有二门，二门之后是正厅，正厅之后是祖堂，祖堂之后是后房，后房之后有花园。大门口常有人围在一起滔滔不绝地谈天说地，俗称“摆龙门阵”。

一般民居都有天井，采用四水归堂的形式。一院为一进，有的民居有五进七进。古人在门两旁挂桃板作春贴，表示一种良好的祈愿。《宋史·西蜀世家》说："蜀主昶末年，学士辛寅逊撰词以其非上，自命笔题云：'新年纳余庆，嘉节号长春。'"这些说明四川很早就有了贴春联的习俗。

四川民居，有许多是湖北、陕西等地的移民修建的。《南溪县志》记载明末战乱，对社会摧残严重，清初逐渐恢复。其卷二说："当是时，故家旧族百无一存，人迹几绝，有同草昧。民人多习楼居，夜偶不慎便为兽噬。二十年后楚粤闽赣之民纷来占插标地掘垦。"卷四谈民居建筑形式说："住者多随田散居，背高临下，其始犹村堡制也。说者谓明末乱后，侨民占插始更今制，意或然与？古时庐舍有制，下不得僭上，僭者有罪。明制庐舍不过三间五架，不许用斗拱，饰彩色，不许造九五间数房屋，嗣变通架多而间少不在禁限。清制士庶人惟用油漆，逾制者罪之。故旧时庐舍至五进而止，数多三间，乡居或为五七间一列式，中产以上为三合式。三合式者中为堂，两翼卧室庖厨而下旁向为廊庑者也，下周以厅屋则为四合式。有土筑、有木建、有砖砌。土筑者饰垩，木建者饰油漆，土筑者多用草覆。……民国以来营建无制，筑屋者喜楼居较为高敞，间有用砖柱水泥模仿西式者，以今较昔，大概屋较高，窗较低，室较明，梁柱较小，雕文较少而已。"

「罗城镇"船型街"」

四川乐山犍为县内有个罗城镇，它坐落在小山顶上。街道两头窄、中间宽，从远处看像一只小舟，最南端的灵官庙像艄公的尾篷。街上都是明清时代的房屋，临街的屋檐很宽，可为行人遮雨挡阳。方圆百里的农民都到这里交易农产品。民居采取前店后宅的布局，店后是生活区。

四川以汉族为主，盆地边缘住有苗族、羌族、回族、藏族、彝族等。四川民居有多种形式，汉族人有院落式房屋，少数民族有碉房、干栏、帐篷等。《蜀中广记·风俗记》记载川西北的乡民"叠石为巢以居，如浮图数重，门内以梯上下，货藏于上，人居其中，畜圂于下，高二三丈者谓之鸡笼，十余丈者谓之碉，亦有板屋土屋者，自汶川以东皆有屋宇不立碉巢”。可见，即使在以碉房为主的西北也有板屋、土屋。

四川的山区曾流行石碉房。《后汉书》记载汉代“元鼎六年（公元前111年）以为汶山郡……皆依山居止，累石为室，高者至十余丈，为邛笼”。汶山郡在四川茂汶羌族自治县北。四川的汶川、松潘县等居住着羌族。他们把平顶碉房称为“邛笼”，当地的工匠有丰富的建筑经验，建房不需要绘图和吊线，用乱石为料，以泥土为粘合剂，把房子砌得坚固而平整。有的村寨砌了高达数十米的碉楼，用为瞭望台。许多房顶都有一块乳白色石英石，居民把它作为天神。

重庆的忠县境内，在长江北岸有石宝寨，这是明代万历年间修建的古寨。它的基址是在一座四壁如削的孤山，寨门朝南，砖石结构，有“五龙捧圣”等浮雕。寨身是12层塔形亭阁，依山顺势，扶壁直达山顶。寨顶有古刹。寨子四周有林木。这里一直是宗族聚居，环境既险要又优美。

成都市内的君平街以西汉隐士严遵（字君平）在此居住而得名。严遵一生不愿当官，闭门读《老子》，著《道德真经指归》。成都的状元街，因明代宰相杨廷和曾在此居住，他的儿子杨升庵24岁时中了状元而得名。成都市双流县的黄龙溪古镇保存了许多清代建筑，街西用整齐的方石板铺成，民俗传统很浓。

在四川江油县青莲场有唐代诗人李白故居。李白自幼随父迁居于此，博览群书，吟诗作赋。开元十三年（公元725年）外出远游。故居是清代建筑，殿宇四重，有陇西院、粉竹楼、太白祠、李白衣冠墓。

在四川眉山城内有宋代文学家苏洵、苏轼、苏辙故居。史载三苏是唐代武则天时宰相苏味道的后人，苏味道贬官为眉山刺史，遂落籍于眉山。明代建有三苏祠，其后屡有扩建，有抱月亭、云屿楼、披风楼。祠内供奉着三苏塑像，陈列着三苏全集。殿后有启贤堂，堂后有木假山堂。庭院西边

「三苏祠后殿的启贤堂」

有苏洵的洗砚处——瑞莲池，池上有百坡亭。

在四川乐山市东 35 千米的沙湾场正街有郭沫若故居。故居是一座三进中式木结构小四合院，背靠绥山，前望沫水。郭沫若出生在第一院的左侧房间。后院有一间厅房称为“绥山馆”，郭沫若四岁半时在此受启蒙教育。中院有郭沫若当年结婚的新房。郭沫若早年在此写了《村居即景》等作品。

在四川仪陇县城东 36 千米的马鞍场郊有朱德故居。公元 1886 年，朱德出生于琳琅山下的大湾，少年时在药铺垭私塾读书。1982 年，在此建成故居纪念馆。

刘致平先生在抗日战争时期曾经对四川的一些大宅作过调查，试举几例：

陈举人府：在成都西郊犀浦，宅主是举人，门前有两根旗杆。房屋朝南。前面是下厅房七间五架，中间开龙门一大间。门是双挑坐墩出檐，门两侧用封火砖墙。门内左右各有五间耳房。宅内正面正厅房五间七架，行人由正厅左右山墙巷道出入通达内宅。内宅前有宽大的天井。正房总宽九间，中央五间九架特别高大，下用石裙墙。正房后有后房九间。宅右侧有花园，园内有八角亭、小桥、四面走楼、花厅。整个宅院雕镂精良，在结构上没有按照封建礼制规定的大小设计，有其个性。

李家寨子：在广汉东北十几里的乡间，大约修于清乾隆年间，有丈余高的城墙，周长约四里，墙厚三四尺，墙顶上加盖瓦桷像走廊。寨门高大，下有圆洞门，上有望楼，楼上有射孔。寨中有房，房顶平缓，木材粗壮。这个寨子有古代坞壁的作用，遇有社会动荡，可以闭门不出，易守难攻。

雷宅：在夹江县，湖北麻城人雷某在明正德年间搬迁于此，盖此宅。清乾隆年间又补修。大门之内有正厅五间，进深九架，中堂作敞口厅式，大木用“五柱四”，即五柱落地，余四柱不落地而改用童墩。正房有天井。正厅后有左右耳房。正厅左侧有一小院落。

李宅：在乐山市安谷乡，清末建造此宅。宅中部是正房五大间，左右耳房各三间，带前出廊。据说，盖房之初，有风水家说不能太规范，于是，故意把大门做得歪曲斜扭，门墙也都错落，结果很不协调，家道很快就衰败了。

郭宅：在威远县东南四十多里，山峦起伏的坡地。清同治年间建，宅内有大小天井五十，门百余道，左右对称。砖牌坊式大门。以正厅为界，划分内外天井，外天井有左右耳房，设仓橱。正厅后是家人寝处，有内天井。宅雕精细繁富，使人眼花缭乱。传闻当初建房时，天旱，宅主为赈救饥民，让饥民打工，供给膳食，不计工资，廉价造成了这栋民宅。

张宅：在南溪县李庄镇西六里山上的板栗坳。这是了解中国古代聚族群居的一个好标本。乾隆年间张氏迁于此，构屋数楹，经十几代人而成为庞大的宗族，挨着修了一大片房屋，主要建筑有：老房子，约建于乾隆十二年，有祖堂叫百忍堂，五开间，下厅房正中是八字朝门。其后有上老房。上老房是嘉庆间修的张氏支祠，堂广三大间，中部供神龛。它地势高，放眼很宽敞，是聚会族人的地方。在上老房左边第一宅是下老房宅，方方正正，正厅宏大，正房五间加左右抹角共七间，石板铺地。上老房左边是田上宅，道光年建。上老房左边第三宅是桂花坳宅，道光年建，楠木为梁柱，房架高大，天井明亮。上老房右边第一宅是财门口，嘉庆年建，天井为梯形，门窗精细，有二层楼房。上老房右边第二宅是牌坊头宅，宅主在道光十八年建，当时在官府任职，财力雄厚，房子建得很高大。由外面进大门要上二十几步台阶，大门为砖砌的牌坊式。门内有抱厅，正厅，门窗都很精美，花厅后有戏楼院，还有花园。

除此之外，张氏还建有家塾，有五间。又有文昌帝君阁，这是一座六方三层爪角顶的亭式建筑。上层作瞭望，中层祀文昌帝君，下层做碾房。在山顶上还有字库，形同石塔，八方三级，用于焚烧垃圾，之所以建在山上，风水先生说板栗坳山势像犀牛，住宅建在牛腹，字库像牛角，可以在万山丛里表胜，作为装点。

(二)川西园林

四川园林大多集中在川西。川西以成都平原为主体，土肥水美，为园林创造了自然条件。川西的人民安逸而富庶，有余力作文赋诗，出现了三苏（苏洵、苏轼、苏辙）这样一些文化名人，形成了很好的文化氛围和底蕴，有利于园林艺术的发展。在这样的条件下，川西园林在中国园林史上有一席之地。王绍增在《中国大百科全书·建筑城规园林卷》中认为：川西名园的特色是以文、秀、清、幽为风貌，以飘逸为风骨。“文”指著名园林都与著名文人有关，园林蕴含着浓郁的文化气质。由“文”而“秀”，川西名园多小巧秀雅，石山甚少，水岸朴直，以清简见长。园中植物繁茂，品种丰富，多以常绿阔叶林作天幕和背景，而以水面取虚放扩，创造空间变化和虚实对比。建筑平均密度不大，形象秀雅，建筑风格倾向于四川民居。

由于四川地处较偏，是道教的主要发源地，川西名园渗透了浓厚的飘逸气质：不拘成法的多变布局，跌宕多姿的强烈对比，返朴归真的自然情趣，自然山水的古朴色彩。

成都的主要园林有：

人民公园，在成都市东城根街。始建于 1911 年，因地处少城（清代的满城），故初名少城公园。抗日战争时遭日军轰炸，1949 年以后开始修复。公园占地 150 亩，园中有人工湖，从湖南边的假山可观览园外景。公园西北部建有“辛亥秋保路死事纪念碑”。园中还有盆景园、儿童乐园、游泳池。

百花潭公园，在成都市西南郊锦江南岸。1949 年前是私家园林，1976 年前有动物园，现在以花卉盆景为主。有盆趣园、国香园、百花园、西苑、山水园、鱼鸟廊。值得一提的是，百花园正厅陈列有木化石制作的巨型盆景，木化石是远古三叠纪晚期的植物遗物。园中有许多名贵古树，如唐代银杏、宋代罗汉松、清代山茶等。

「望江楼」

望江楼公园，在成都市东南锦江南岸。这是为了纪念唐代女诗人薛涛而建的园林。薛涛晚年在成都碧鸡坊建吟诗楼，死后葬在薛家巷一带（今望江楼附近）。清代在这里建有吟诗楼、崇丽楼、濯锦楼等。吟诗楼为一楼三叠、重檐歇卷棚顶。崇丽楼又称望江楼，高 30 余米，四层，有围栏，绚丽纤秀。濯锦楼三楹两层。

成都附近的新都县新繁镇有“新繁东湖”，始修于唐代，明代荒废。清代同治年重修。主厅“怀李堂”坐北朝南，厅两端有廊抱湖，一端建有瑞莲阁，一端建有珍珠船，西南隅有清白江楼。园中有古木巨树、重葛悬藤。

距成都 20 千米的新都县城有桂湖公园，公园以桂花著称。每到中秋节，4000 株金桂、银桂争香斗妍。园中有 20 亩湖面，沿湖有近 20 处楼台亭阁。园内有升庵祠，这是为纪念明代学者杨慎的建筑物，杨慎有2000 多首诗流传，并著有《全蜀艺文志》等书。

距成都 40 千米的崇庆县有罨化池公园，园内有罨化池。宋代爱国诗人陆游被贬到四川时，曾住在罨化池畔。今在池边建有陆游祠，以供人们瞻仰。池中小山上有亭阁，沿池有廊、水榭、钟乳石筑成的小山。

(三)川北九寨沟

四川北部有九寨沟风景名胜区。九寨沟是嘉陵江水系白水江的源流之一。历史上这里曾有藏族的 9 个村寨，沟内有奇异的自然原始风貌，绝少人工雕凿的痕迹和环境污染。它有 5 个景区；树正景区、诺日朗景区、剑诺景区、长海景区、扎如景区。景区的瀑布、湖池、古树密布，深达数十米的湖池（俗称海子）可以在阳光下见底。这里的藏族同胞豪爽热情，总是欢歌载舞地款待客人，他们的寨子很有地方特色。

邻近九寨沟有黄龙寺景区，它以黄龙沟为主，沟内松涛似海，岩溶蜿蜒如黄龙，还有数以百计的彩池，池底有碳酸盐沉淀，在阳光下如五彩缤纷。沟内有黄龙古寺，每年农历六月十五日在此举行盛大的庙会。黄龙沟口向东有雪山梁，具有典型的高原风光。从沟口向西有涪江发源地，深壑奇峰，雄奇壮观。从峨眉山向东 31 千米有乐山大佛，佛像高 71 米，佛像周围有数百窟石刻。大佛景区是峨眉山不可分割的组成部分。峨眉山留有历代名人的墨迹碑刻，李白、苏轼等都有诗文赞颂峨眉美景。事实上，峨眉

「黄龙寺景区」

山是具有极大开发价值的、自然的、人文的国家公园。

重庆山城的民居园林

重庆原属四川省，现析为直辖市。重庆的民居，可以称为巴渝民居，其文化深深扎根于山区，以巴文化为源头。早在3000多年前的商代，巴人就在现今称为“渝”之地繁衍生息，立国建都。

重庆的北碚区与璧山县之间有缙云山风景名胜区，俗称小峨眉。缙云山有九峰，依次为朝日、香炉、狮子、聚云、猿啸、莲花、宝塔、玉尖、夕照。其中，狮子峰最高，海拔1040米。其上观日出最佳。群峰有茂密的植被，林木种类1700多种，还有伯乐树、香果树等珍稀树种。在缙云山下有温泉古寺，它始建于宋代，1927年建成公园，1949年扩建。北温泉依势造景，形成为精致的水石园林景观，今称为北泉公园。园内以四大殿为中心，依次为关圣殿、接引殿、大佛殿、观音殿。殿周围有温泉、古香园、石刻园、观鱼池、荷花池、花圃、乳花洞。

「 鹅岭公园一角 」

鹅岭公园在重庆的鹅项岭上，位于长江与嘉陵江之间。清末宣统年间，这里建有礼园，1949年后不断扩建，先后修建了楼台亭榭。山巅有两江亭，是重庆市最高点。该园的突出特色是植物，有香樟、银杏等170多种树木，盆景有百年以上的苏铁树，还有海棠、仙人掌等。

在重庆市长江南岸的群山之间有南泉公园，花溪河纵贯园内。公园有仙女洞，洞高30多米，深千余米。洞附近有30多米高的飞泉。园内还有河心亭、观瀑亭、盆景园、明月台。

湘鄂赣民居园林

长江中游的湘鄂赣位于中国腹地，既是文化的发源地，也是文化四通八达的交流地，且在文化方面有卓越贡献。伴随着发达的文化，也有自成特色的民居园林文化。

“芙蓉国里尽朝晖”

湖南位于洞庭湖之南，故称湖南。自古盛产湘莲，唐诗中有“秋风万里芙蓉国”之句，故又有“芙蓉国”之称。又因湘江贯穿全境，也简称“湘”。

(一)多样形式，不乏名宅

1. 各种各样的民居形式

湖南民居适应环境，多为木造和土石造。其造型均衡简洁，色调素净明雅。民居形式按平面布局形式分类可归纳为：一字式、丁字式、凹字形、自由院落式和吊脚楼。富裕人家的住宅多为四合院式，即围着天井四面造房。凹字形又称为“双头吊”或“撮箕口”，在正房两侧都伸出耳房，三面围合成“凹”字，形成一个比较整齐的前庭。

「 湖南四合院式民居 」

民居的大门临街，大门里面是过堂，过堂两侧为两耳房。第一进堂屋是全家活动中心，两侧是正房，为主人的卧室。第二进堂屋设有祭奉祖先的供设，两边正房是晚辈卧室。厢房放家庭生活用物。退堂屋放置杂物。厕所设在后院隐蔽处。民居一般采用木穿斗构架，每檩下落柱或每隔一檩立柱，柱与柱之间采用穿枋联系起来，榫构梁架与屋顶。穿的数量在三道以上，视进深而定。

在湘鄂川黔四省毗邻之地，居住着许多土家族人。由于这一带多是大山，所以民宅依山而建。一般的房屋是单层三开间，稍富有的家庭是五间、七间。住宅正中的堂屋是家庭公共活动场所，供奉祖先，迎送客人。神龛上有“天地君亲师”牌位，牌位两侧为祖宗及诸神之位。堂屋两旁的厢房称为人间。有一边的人间分为前后两间，前为火铺房，后为卧室或贮藏室。整座房屋的出檐很深。此外，土家族还采用了四合院式的“印子房”，建筑物外围有高大的封火山墙，有三进、四进之别，宅内有天井、厅、房。

土家族也采用吊脚楼。吊脚楼一般分为两层，大都为五柱六挂或五柱八挂的穿斗式木结构。上层宽大，下层依地形变化，占地并不一定呈规则形状。吊脚楼的底层很矮，悬空是为了防潮、防虫，使二层的居住间更干燥和干净。

在湘黔交界的山区，侗族人民依山傍水修建山寨，寨子有寨门、鼓楼、吊脚楼。有的寨子还有寨墙。鼓楼有粗梁巨栋，重檐飞甍。楼中有大鼓，寨中有大事则击鼓聚众。有的鼓楼还兼作戏台，供寨民开展文娱活动。鼓楼有彩绘或雕刻，表现出寨民文化。吊脚楼就是干栏式建筑，一般沿等高线横向排列，底层架空，楼上住人。楼上有外廊、正厅、卧室。屋顶多为悬山顶，盖杉木皮或小青瓦。寨外的小河上有风雨桥，为了帮助人们避雨，桥上有亭，亭顶有飞檐，建筑很精美。寨外的田间路边有凉亭，井旁常有水井。通道县一带的侗族吊脚楼很有特色，其建筑多是三层，高的有五六层。楼下是杂屋，楼上住人，全部结构用卯榫嵌合，不用一颗钉子。人们在二楼堂屋做饭，进餐时用矮脚几案。从远处看，吊脚楼飞檐翘角、古朴端庄。

岳阳有张谷英村，其祖上于明洪武年间从外省迁来，几百年来聚族而居，尊孔孟，讲道德。该村现有 5 万多平方米建筑群，最盛时有房 1484 间、厅堂 237 个、天井 206 个、巷道 60 条、小桥 46 座。张谷英村已成立接待小组，专门负责开发民居的传统价值。村中的张飞儒先生对每间房屋、每条小巷都能讲得清清楚楚。村中有一处“上新屋”，它建于嘉庆十三年，仿明式风格，七井四进，天井左右对称。还有几处房屋都是五井五进。房屋里面的天井可以收集雨水，俗称“四水归池”，出檐很深的四面屋顶汇集雨水流向天井“池”中。进门有两口大塘，分列左右，传说是龙眼，既用于消防，又壮瞻观。塘内有荷花，生意盎然。这个村庄由一对夫妻发迹，历经 16 代，至今已有几千人，兄弟叔侄、姑嫂妯娌都住

「张谷英村全景」

在一起，父慈子孝，尊卑有序，相安无事，和睦一团。

湖南的村庄讲究风水。怀化会同县的高椅村三面环山，前面临水，地形上宛如一把太师椅，故以“高椅”名之。“太师椅”中分布着鳞次栉比、山墙高翘的古民居建筑，椅子的前方有“玉带水”巫溪，人们取用水极为方便。

2. 不乏名人故居

在长沙市太平街太傅里有贾谊故宅，晋代曾改为陶侃庙，后历经兴废。明代成化年间建屈贾祠，祀屈原和贾谊。清代扩建，当时有治安堂、清香别墅、怀忠书屋、大观楼，还有贾谊所凿古井一眼及手植柑树一株。1938年，长沙发生大火，被毁。现仅存一间祠屋和一口古井。古井“是谊所凿，极小而深，上敛下大，其状似壶”。贾谊是汉代著名政治家、文学家，开创汉赋之先河，受到人们推崇。

「 长沙贾谊故宅 」

在长沙市蔡锷北路有张仲景故居。张仲景在东汉时担任长沙太守，他精通医学，所著《伤寒论》、《金匮要略》是中医的重要经典，他被称为医圣。清代在此地建张公祠。现在建有湖南中医院附属二院。

在耒阳县城北蔡子池旁有蔡伦故居。蔡伦是东汉耒阳人，汉明帝时入宫为宦官，汉和帝时担任尚方令，主管监造各种御用器物。公元105年发明了“蔡侯纸”。旧居遗址上修建了蔡侯祠，青瓦平房，分前后两厅。祠门有对联“芳池月映”“故宅风存”。内前厅的白石屏风上刻有蔡伦生平事迹，后厅陈列着用于舂纸的石臼。祠后有蔡伦墓。

宋代著名理学家周敦颐的故居在道县城西的安定山下的濂溪旁。他晚年寄居江西庐山莲花峰下的一条水溪旁，他把小溪也称为濂溪。湖南的周氏故居已荡然无存，但明代道州知府王会的《周子故里说》是一篇介绍周氏故居的佳文，文章不长，摘录如下：

州西十五里，有砦（寨），乡人所筑以避寇乱者，俗称为安心砦。其麓，周氏家焉。右龙山，左豸岭，冈垅丘阜，拱揖环合。世传有五墩饶宅，若五星然，世久为乡人所没，今仅存其一。濂溪先生实生于此。……泉之上为有本亭，迤东为风月亭，沿流而东为濯缨亭，又东为故居，家庙在焉，先生子孙居之。又东为大富桥，先生幼时钓游其上，濯缨而采之，即其地也。

衡阳县西曲兰石船山有王船山故居。王船山，名夫之，明清之际著名思想家。他晚年隐居于此，著书数百卷，撰成《读通鉴论》《宋论》。故居有败叶庐、观生居、湘西草堂。草堂有二层三间。

在长沙市稻谷仓有王先谦故居。王先谦是长沙人，号葵园，以号称宅。王先谦是清代同治四年（公元 1865 年）进士，曾任岳麓书院最后一任院长。故居朝南，藏书甚丰，还有许多碑石，现已毁。

在长沙市西郊约 15 千米的凉塘有黄兴故居，建于清同治初年。公元 1874 年，近代旧民主主义革命领导人黄兴出生于此。故居前有水塘。上堂屋右边是黄兴父母的卧室，右边是黄兴的卧室，前后共有 12 间房。故居陈列着黄兴生前用过的家具和图片。

在韶山上屋场有毛泽东旧居。传闻舜南巡至此奏韶乐，因而得名。毛泽东于公元 1893 年 12 月 26 日诞生于此，并在上屋场度过了童年和少年时代。毛泽东 1910 年外出求学，其后于 1920 年、1925 年、1927 年、1959 年回来。1964 年建立了旧居陈列馆。现在，这里有毛泽东同志纪念馆、毛泽东铜像、滴水洞别墅、毛泽东诗词碑林。毛泽东故居在 1929 年被国民党毁坏，解放后按原貌复原。堂屋神龛下边的方桌和高凳是毛泽东用过的家什。堂屋左边的灶屋，碗橱和水缸也是原物。故居的正房是毛泽东父母的卧室，墙上挂着两

「上屋场毛泽东故居」

位老人的照片。在餐屋后面有毛泽东的卧室兼书房，保存有毛泽东小时候用过的算术教科书。旁边有碓屋，内有一架风车和三副石碓。整座故居靠山而建，前有水塘。后山的林竹簇拥故居，形成托垫环抱状。

在宁乡县花明楼炭子冲有刘少奇故居。刘少奇于公元 1898 年 11 月 24 日诞生于此，在此度过了童年和少年时代。1915 年，刘少奇到长沙读书，放假时回家居住。1961 年，刘少奇曾回乡进行社会调查。1988 年，这里建立了刘少奇同志纪念馆并安放了刘少奇同志的铜像。故居门前有池塘，屋后有松涛。土砖墙涂有糠壳泥，屋面半瓦半草。

（二）大气岳麓山，秀美张家界

长沙是湖南的省会，历史文化悠久，其主要园林有：

岳麓山风景区，在湘江西岸，约有 8 平方千米范围，依江面市，层峦叠翠。从市区看去，它气势磅礴。步入山中，有奇石盘道，古木参天。在深涧幽谷，有清泉潺潺。山麓有千年学府岳麓书院，湖湘著名道场麓山寺。在青枫峡台地有爱晚亭，亭有重檐八柱、碧瓦石栏。毛泽东年轻时常和新民学会会员在此休憩畅谈、陶冶情操。麓山寺建于西晋，多次重建，现存山门和藏经阁，阁前有古罗汉松，台下有玉泉龙井，寺内有盆景园。

「爱晚亭」

天心公园，位于市区东南，约 3.6 公顷。这一带原是汉代城墙，民国年间拆墙修路，保留了天心阁和部分城墙。1924 年辟为公园，抗战时被毁，1950 年重建。该园以古城墙游览为宗旨，城墙高低起伏，既有高敞的城头，也有封闭的瓮城。清代在城上建天心阁，传闻此地建阁有利于文运昌盛。1938 年，天心阁被毁。公园成长条形，有南北二门，园中有展览室、诗词碑亭。天心公园原有四景：高阁插云、麓屏耸翠、疏树含烟、池塘夕照。天心阁在地势高峻的跨墙上，实为最佳景点，应当恢复。

橘洲公园，位于湘江中的橘子州南端。1959 年辟为公园，占地约 6 公顷。这是一座纪念性公园。1925 年，毛泽东与有志青年经常来此“指点江山”。1959年，毛泽东畅游湘江，再次登上橘子洲头。园中现修有大型诗词碑，碑体用纯白祁阳石，边框和基座用花岗石。碑身有毛泽东的诗词《沁园春·长沙》。洲头建有纪念亭，亭两侧有花架廊。园中布局外敞内闭：向外可看到宽敞的江面和雄伟的岳麓山，向内可欣赏竹径和橘林的幽静。

烈士公园，位于长沙市东北，1951年修建，占地约118公顷，水面约占一半。地势条件适宜建园，西部是岗峦起伏的丘陵，东部是浏阳河湾及辽阔的湖面。烈士公园分为两个区：一是纪念园。从南大门进园，主轴道上随地形升高而布置了三个台地。山顶的两轴线相交处是烈士纪念塔，塔高38.6米，1959年建成，以花岗石为台基，塔身为八角形，琉璃攒尖顶。堂塔合一，上塔下堂，堂内陈列夏明翰等烈士遗像和事迹，并陈列全省7万多烈士的名册。二是游憩区。在公园东部，沿岸有廊桥、浮香艺苑、朝晖楼、茶室、游船码头。湖北建有民俗村。村内有仿建的少数民族的房屋，还有小溪、跨桥。

从长沙往西行200多千米，有桃花源。晋代陶明渊写的《桃花源记》，有人认为就是描写此处。这里有缆船洲，传闻是武陵渔人停船处；有桃花川，当年是一条可行船的小溪。由山门入桃花源，有菊圃、碑廊、方竹亭、秦人古洞。唐宋时，这里被道教神化，称为洞天福地，建有1330间房屋，明末毁于兵火，清代又重建，现在扩建改建，成为湖南的风景旅游区。

在大庸、慈利、桑植三县交界处有著名的森林公园——张家界。张家界山势奇丽，有泰山之雄，华山之险，桂林之秀。山石如刀砍斧削，形成百嶂千峰，金鞭岩如300米高的利剑。黄狮寨终年云雾迷漫。山里的松杉密布，植物种类特多。张家界附近有索溪峪风景区，由6条溪水和19条河壑组成，风景美极了。

「张家界」

灵秀湖北

(一)东南西北的民居

湖北文化以楚文化为底韵，民居的建筑历史悠久。湖北是九省通衢之地，建筑风格受到东南西北各个地方的影响，而省内的建筑文化呈现出多样性。因此，本书从东南西北四个方位对湖北民居作简要介绍。

鄂东曾有干栏式建筑，并且出现得很早。考古工作者在蕲春县毛家嘴发现西周的民居遗址，建筑范围约5000平方米，房屋在水塘中立柱修建，形成下面架空的干栏式建筑。其结构大多为长方形，柱子插入塘底，柱子直径约20厘米。为什么把房子建在水中，这是个谜，或许是为了安全，防止豺狼袭击。当时修建这种民居，说明人们已掌握了在水中建房的技术。

鄂东和鄂南盛产竹子，民间因地制宜，物尽其用，有盖竹楼的习惯。北宋文学家王禹偁贬官至黄州，写有《黄冈竹楼记》，说："黄冈之地多竹，大者如椽。竹工破之，刳去其节，用代陶瓦。比屋皆然，以其价廉而工省也。"竹楼以竹为瓦，单片的竹瓦可用10年，重叠的竹瓦可用20年。王禹偁的竹楼建在城墙的雉堞上，"夏宜急雨，有瀑布声；冬宜密雪，有碎玉声。皆竹楼之所助也"。黄州的城墙今已基本毁掉，恢复已不可能了。

鄂东红安七里坪有一条明清古街。这条街是中原与楚地的一个通道，古代有较发达的商业，因此保存了一些临街的店铺。武穴市（原广济县）在清代康熙四十四年建的应宿坊，占地60平方米，门楼与戏台保存完好。英山有清代道光年间建的安家大屋，占地200平方米，面阔五间，有四进，门楼保存完好。鄂南崇阳县有不少老街，如白霓镇老街长500多米，宽4米，呈"S"形，街上铺有一万多块青石板，清末有

「红安七里坪古街」

数百家商号。沙坪河边街，清末有茶庄、米行、客栈200多家，街两端设有寨门，日开夜闭，1938年被日军烧毁。县城有老街旧宅，如民国初年，城东金志祥宅青砖墙，屋顶硬山式，两端有防火墙，布瓦，墙上绘有山水、人物图案，门面为铺门，便于经商。在沙坪镇古村城有一处何家大屋，建于清道光二十九年（公元1849年），东西长110米，南北宽55米，房高9.8米，占地6050平方米，有房屋300多间。屋内有48个天井，均用青石板铺垫。堂屋有20多间，雕梁画栋。

鄂南有幕阜山脉，在湖北、江西、湖南交界之处有一些古老的民居。湖南的临湘县与湖北的赤壁市交界处有条明清古街——新店。这条街道长700多米，宽5米，沿着一条小河发展起来。街上以青石板铺路，石板上留下有约3厘米深的手推车车轮辙。街两旁都是几百年的老房子，开设了小饭馆、小杂货店。清代湖广的土特产就是在这里集散，运到汉口和京城。从新店往江西方向要经过羊楼洞古镇，明清时这里大量种茶，茶叶贩到全国各地。蒙古人最喜欢这里的沱茶，能够与酥油茶、马茶共饮，宜于消食。松峰山下的羊楼洞有条清末古街，从清道光年间开始，街长近1000米，宽4米，青石板路面，木板房，街道沿水弯弯曲曲，非常古朴。在这里把茶叶加工，送到新店，从新店下河入江。自从京广铁路和107国道开通后，羊楼洞的茶叶不再从新店贩运，新店就冷落了。20世纪六七十年代，羊楼洞曾作为“五七干校”“知青农场”。现在，当地的茶道衰落了，古街没有了往日的繁荣。

羊楼洞一带的乡民大多是从江西迁来的，他们说这里是七龙汇聚之处。在石人泉村罗家苑，有一处五进大宅，宅主姓黄，同族有600多人住在一起。住宅用材粗壮，窗上、梁上都雕刻有图案。依西高东低的地势，房屋大门朝东，宅门依次错开以聚气。不远的白花岭村，有多处明代建筑。宅屋有两个天井，窗子用福字形图案，这是明代流行的样式。

「羊楼洞民居」

在赤壁市黄沙村有个刘姓大宅，布局三条轴线，三进。刘家在清代出过进士，传说宗人刘汉章曾是周恩来的老师。附近村庄有个周氏祠堂，祠堂年久失修，族规刻在石碑上，石碑嵌在祠堂的墙上，是清朝道光年间制定的。其中有条文规定“凡违族规者，杖责并罚酒席四桌”。村庄遍地是大青石、石鼓之类的明清石材，有的宅门上刻有避邪图案。

赤壁市临江有一处凤雏庵，传闻是三国谋士庞统住过的地方。宅后是青翠的金鸾山，从东西北三个方向环抱。宅已毁了西边的一半，尚存东边的正房和厢房。宅前西边有一口古井，已涸。宅前有一块平地，平地以南有一株千年银杏树，遮天蔽日。树南的坡下有一池千年古潭，潭水深墨色，不见底部。潭上有九曲桥和小亭，亭中间有古井，井水可映人。

洪湖市瞿家湾镇有一条长约700米的老街，青石板路的两旁是明清古屋。沿湖的渔民一年四季在此从事农贸。民国年间的祠堂、米铺等建筑保存完好，电影《洪湖赤卫队》的许多景点是在此处拍摄的。现在，此街已作为旅游点对外开放。

鄂南乡村民宅多是砖木结构，富户乐于修建青砖瓦房，有三间二重、五间二重，也有五重堂、七重堂。过去建房，选址、定向、清基下脚，都要请阴阳先生指导。建房以“前无阻挡，后有依靠，坐北向南，地势高亢”的地址为佳。立门以双日、逢八日为吉。大门顶合龙要放六枚或八枚金属钱币。完成“山头”，要请砖匠吃糍粑，意为越“巴”越牢固。民宅重视“上梁”。湖北民俗，最好由主人舅家送梁，运梁不能落地。上梁之日要摆宴席，午时（中午12点）将梁落位，放鞭，念祝词。

在鄂西南居住着许多土家族，其建筑大多以木材建房，一般是四排柱三间，也有六排柱五间、十排柱九间。中间的房屋称堂屋，堂屋最大，是人们的活动场所。两边是厢房，俗称“人间”。

土家族的民居注重功能分区，厢房有前后左右之别。父母住在左边，儿女住在右边，以左为尊。每个房屋分两层，楼上很矮，放杂物；楼下住人。土家族有火铺，即火炉。在偏房的中间挖一个坑，用青石板加固，灶上有垂悬的架子，挂有土罐、铁锅等器皿，用以烧水或烹煮烧烤。再其上是木架，垂吊着肉、玉米，以便烟熏或烤干。

鄂西的秭归县乐平里是屈原故里。这里是一个山间盆地，有屈坪河与响鼓溪穿过盆地，四周山峦起伏。1984 年在乐平里北沿的降钟山建屈原庙。屈原庙仿清代民居建筑风格，小青瓦砖木结构，硬山顶，猫拱式山脊，青瓦粉墙。屈原故居的宅基在乐平里南侧的香炉坪，宅前有玉米田，附近有读书洞、照面井等遗址。

在兴山县宝坪村有王昭君故里，背靠纱帽山，面临香溪水。汉代王昭君在这里出生和长大，后来被朝廷派遣到塞外“和亲”，促进了民族关系友好发展。故居今建设得很有规模，门外耸立着由内蒙古自治区政府送的汉白玉昭君塑像。建筑物形成了一个群落，有蜡像组合的故事场景，还有望月楼、梳妆台。

「王昭君故里」

在鄂西北的郧县青龙泉发现具有仰韶文化特征的房屋遗址，五座房屋都是地面式单间圆形，室内有立柱承重。大溪文化时期的枝江县关庙山遗址有了套间型住房，平面呈正方形，以黄泥掺稻草、谷壳抹墙面，墙体有竹木为筋网，说明 5000 多年前的房屋已经重视坚固性和外观美。

房县注重打造古村旅游。桥上乡杜川村邻近野人谷风景区，境内古树成群。该村结合自身特点制定规划，把新村建设与生态布局巧妙融合。走进这个村，就像走进了古木葱郁的生态公园。村民赚“生态钱”，开起“农家乐”。该县先后投入 50 万元搜集民间歌谣 12000 首、民间故事 8500 篇，整理出版了《房陵民歌集》和《房陵民间故事集》。

南漳县板桥镇冯家大湾有清代中晚期修建的冯氏庄园，体量大，保存好。在南漳县西南 2 里处有水镜庄，这是东汉末年隐士水镜先生司马徽的隐居之处。司马徽是谋略之士，曾向刘备推荐诸葛亮。清代修复了故居的茅庐，立石碑。现存有青砖黑瓦的农舍，竹篱柴门。水镜庄有亭阁式水镜祠，从阁上可观看南漳城。

鄂北枣阳鹿头镇有清初建筑郭营宗祠，是四合院的格局，保存完好。还有清初修建的山陕会馆，内部有斗拱和木雕。

襄阳城西 30 里有三国时诸葛亮的故居。诸葛亮 17 岁来襄阳，寓居 10 年，在这块卧龙之地提出了《隆中对》。清代在此修建了“古隆中”，有三顾堂、草庐亭、六角井、武侯祠、野云庵。三顾堂是诸葛亮的故居，武侯祠下有躬耕田，田旁有梁父岩。解放后，古隆中不断扩建，游人纷纷到此凭吊诸葛亮。

「诸葛亮故居」

老河口市有一处清代山庄。当地一位商人在外经商赚钱发迹，回家乡建了这幢房屋。远处看来像个小城堡，有瞭望的炮楼。从大门进去，有天井、主厅。厅后是主人房，从左侧的楼梯可上二楼。砖木结构的房屋，最突出的是雕刻，人物、花卉都栩栩如生。据当地乡民说，宅主人建房时违背了风水观念，未等盖毕就得暴病身亡。由于这幢房屋在深山，所以没有被破坏，乡里正准备开展民居旅游。

江汉平原的沿江一带地势低凹，经常遭洪水淹没。民间以木桩、高粱秆、苇子搭草棚住，大水冲垮后，再盖也容易。有的村庄（如仙桃市麻港南嘴村）十年九淹水，只要下几天大雨，村子就淹没了。若遇长江发大水，村子就成了一片汪洋。

> 老百姓在盖砖石水泥房时，先建一个底层，使房屋悬空，底层留有水门，平时用砖叠闭，当发生大水时，推开水门，让水穿行于底层，减轻水压。

湖北的省会在武汉，武汉三镇有一些老街道。武昌起义街旧名中和街，是唐代太和七年（公元 833 年）兴建。武昌解放路旧名长街，元代建。汉阳的显正街、西大街是古汉阳的主要街道。汉口的汉正街始建于明崇祯年间。清初，汉口设居仁坊、由义坊、循礼坊、大智坊，坊下有街巷。清末到民国，始有“路”的名称，如一元路、二曜路、三阳路、四维路、五福路、六合路。二曜路的坤厚里是典型的民国年间的里弄。

武汉同全国一样，近些年修建了许多小区。如百步亭花园、常青花园、南湖花园、首义小区等。常青花园可以居住 20 万人，有现代化的物业管理，接近了发达国家的居住水平。

老武汉有石库门住宅。这类住宅一般是江浙房地产商人到武汉来修建的，为教师、医生、职员等提供居住。数幢石库门毗连为一排，二排相对而立，形成街道或巷子。厚木板大门，青石为门框，进门是天井，门在中轴线上，正中是三间客堂，两旁是两层楼厢房，从堂后的木楼梯上二楼。有的石库门住宅，几幢连在一起，有几十户人家。厨房、厕所都是公用，也是住户谈家常的地方。每到晚上，小孩在一起捉迷藏，家长在一起打麻将。到了夏季，楼上的住家都在凉台上搁竹床睡通宵，十几个床铺紧紧挨着，床头为走道。小孩拉着大人讲故事，望着满天星斗，充满情趣，人与人之间很融洽，相互很了解，就像一个大家庭。比起现在的一家一个单元，关门闭户，互不往来，石库门住宅真有人情味。

武汉在近现代是个大舞台，全国名人先后来此，留下了一些故居。

詹天佑故居在汉口洞庭街 65 号。詹天佑是著名的铁路工程师。1914 年，他担任汉粤铁路督办，亲自设计了这栋房子：坐西北朝东南，二层，中间开门，有走廊到后门，每层五间房，有廊式阳台，前后有院。1914 年开始，他与全家住在这栋房子，直到 1919 年在此病逝。

施洋故居在汉口花楼街皮业巷 9 号。施洋是著名的劳工律师、京汉铁路大罢工领导人。他于 1922 年初居此。该房为两层，楼下是律师事务所，楼上是施洋的住宅。施洋经常在此接待来访的工会代表和工人。

毛泽东故居在武昌都府堤 41 号。毛泽东于 1927 年上半年在此居住，写了《湖南农民运动考察报告》。这里当时是中央农民运动讲习所，毛泽东、蔡和森、郭亮、彭湃、夏明翰、罗哲等人培养了 800 多名农运骨干。

(二)楚风楚韵的园林

湖北在先秦时期曾是楚国的政治中心，也是文化中心。当时有众多的宫廷园林，楚国君主先后建了大量的离宫、苑囿，如渚宫、强台、匏居台、五仞台、层台、钓台、小曲台、五乐台、九重台、荆台、章华台、乾溪台、渐台、阳云台、兰台宫，都有园林性质。

楚成王在江陵江边建有渚宫。渚宫是建在水泊之中的小洲上，舟行达于江，孤洲在水，清幽净洁。此宫的设计者充分巧借了以大水面为主的四维宏达景观，扩大感觉空间，于建筑整体环境之利用，拓自天开，巧施人作，使南国园林情趣别具一格。具匠心之独运，开水园之先河，楚例居先。楚康王计划建九重台，犹如西亚两河流域古巴比伦的“空中花园”，工程浩大，没有达到预期目的。

楚灵王造章华台，有人认为位于今湖北监利县西北，也有人以为章华台不止一处。章华台以宫殿台阁为主，占地广阔，灵王曾下令招纳流亡无土地的人到章华台来劳作。《国语·楚语》记载大夫伍举批评章华台“土木之崇高，彤镂为美，而以金石匏竹之昌大，嚣庶为乐”。有人认为章华台是一组以台为主体，多单位组合的楚国历史上最宏伟的超大型王家园林化离宫，是我国帝王园林化离宫的先导。自楚灵王兴建此台，我国台类建筑发展的历史进程中便产生了质的变化，创建了完备的园林化离宫建筑体系。今潜江龙湾发掘的大型离宫遗址，不少专家认为是楚章华台遗址。

「潜江龙湾——楚章华台遗址」

由于楚地环境优美，加上有楚风楚韵，使得湖北在历史上吸引着许多文人骚客前来游玩，唐代李白就是其中之一。李白一生有 37 年漫游各地，在安陆活动达 10 年，其间写了许多诗篇，不少诗文与自然风光有关。如《春夜宴从弟桃花园序》写于开元十六年春，记述李白与许夫人婚后，在白兆山桃花园与堂弟们一起宴饮的情景。其文：“夫天地者，万物之逆旅也；光阴者，百代之过客也。而浮生若梦，为欢几何？古人秉烛夜游，良有以也。况阳春召我以烟景，大块假我以文章。会桃花之芳园，序天伦之乐事。群季俊秀，皆为惠连；吾人咏歌，独惭康乐。幽赏未已，高谈转清。开琼筵以坐花，飞羽觞而醉月。不有佳咏，何伸雅怀？如诗不成，罚依金谷酒数。”这次园中聚会，气氛非常热烈。明月下赋诗抒怀，以罚酒为乐。有人曾经问李白，为什么如此年轻有才而隐居不仕，李白作《山中问答》说：

“问余何意栖碧山，笑而不答心自闲。桃花流水窅然去，别有天地非人间。”诗中流露出对白兆山桃林、清溪的寄情。

李白到安陆就是为了享受云梦泽的美景。他在《上安州裴长史书》说：“见乡人相如大夸云梦之事，云梦有七泽，遂来观焉。”司马相如的《子虚赋》曾把云梦泽描述得很美，诱惑了李白。李白也确实喜欢上云梦泽，他在《安陆白兆山桃花岩寄刘侍御绾》把白兆山写得胜似仙境：“云卧三十年，好闲复爱仙。蓬壶虽冥绝，鸾鹤心悠然。归来桃花岩，得憩云窗眠。对岭人共语，饮潭猿相连。时升翠微上，邈若罗浮巅。两岭抱东壑，一嶂横西天。树杂日易隐，崖倾月难圆。芳草换野色，飞萝摇春烟。入远构石室，选幽开上田。独此林下意，杳无区中缘。永辞霜台客，千载方来旋。”诗文中的白兆山在今安陆市境，唐代时山林茂密，深溪飞瀑，李白在此筑读书堂，陶冶情操，得江山之助。可惜，今白兆山在“大跃进”时期被大肆砍伐，已不复旧貌了。

(三)武汉三镇的园林

武汉分为武昌、汉口、汉阳三镇。历史上，武昌的园林最多，如：

憩园，在今武昌司门口武昌区政府附近。南宋抗金名将岳飞曾率兵驻扎于此，岳飞曾被封为鄂王，故此处又称为鄂王府。清代光绪年间扩建为憩园，占地 10 亩，有“听秋声馆”“筠心亭”“待月亭”等建筑，以水面为主，栽有大片竹林。旧貌今已无存。

乃园，在武昌蛇山南麓，今黄鹤楼剧场山坡一带。清末有一刘姓臬司占地为园，俗称自署园。园中原有学律馆、四忠祠、望江亭、鹤梅堂、般若台。园中有泉名“竹池”。民国年间园毁。

琴园，在武昌沙湖旁，是清末官僚任桐的私家宅园。任桐，自号沙湖居士，别号琴父。园内按四时造景，春景有花柳塘，夏景有荷塘，秋景有月榭，冬景有梅岭。园中还有“乐乐厅”等建筑。抗战中园被毁。

清代康熙年间，金陵（今南京）人徐子星在武昌蛇山的高观峰建私人宅园，房屋依山就势，坐北朝南。最初建了“竹园”，以竹子为建筑材料；又建了“翠微、桂实、梅雪、此山”四堂，“止山、皆江、吸江、空香”四阁，“即山、半峰、鹊巢”三楼，“舫、秋、湮”三亭，“洗梅、语石、花影”三轩。全部建筑隐蔽在树林中，给人以幽逸的感觉。这些建筑今已不存在。

乾隆年间，有刘姓文人在武昌今花园山附近盖宅，称霭园。宅与园合一，占地约 10 亩。此园有三道园门，第三道门内有堂三楹，楹额书“一池秋水半房山”。宅主居住此屋，冬暖夏凉，特别安静，如同世外桃源。

晚清，武昌有寸园，张月卿筑。寸园占地仅一亩，有小巧的叠石、四季的花木、迂回的路径。他自称：寸木拳石，可以怡情；寸晷分阴，可以习静。人不可诎寸而进尺，累尺而成丈，得寸则寸即可。张月卿曾担任过云贵总督，因病退休，洞穿世事，故能以寸园为满足。

「辛亥革命武昌首义纪念碑」

武昌现有首义公园，它是为了纪念辛亥革命而建的。1924 年在蛇山南麓修建。1928 年建有中山纪念堂。抗日战争中，纪念堂被毁，1955 年建长江大桥，公园地址稍稍移动。今仍有纪念碑。首义公园与黄鹤楼公园紧邻。黄鹤楼公园位于武昌蛇山，西自司门口大桥头，东到武昌路，南临阅马场，北抵京广铁路线。占地 17 公顷。园中以黄鹤楼为主体。公园南区原系楚王府宫室遗址，建有南大门、东西曲廊、鹅碑亭、南楼，均为仿古建筑。南楼，古称安远楼，该楼始建于晋代，后毁，宋代重建，被列为武昌十景之一。现在，黄鹤楼公园与首义公园已经联成了一个整体。

青山公园位于青山区中心地带，面积约 38 公顷，始建于 1962 年。西门为正门，进园有大型花坛、游乐场，园东有开阔的湖面，湖中有春夏秋冬四岛，湖边有三连亭和长廊。

东湖风景区位于武昌东部，规划范围约 87 平方千米。早在 1930 年，上海商业银行汉口分行行长周苍柏就出资在东湖建“海光农圃”，有养鱼池、动物园。1949 年后，周苍柏把园林捐献给国家，更名东湖公园。1951 年，国家在东湖修建大型风景区，规划听涛区、磨山区、落雁区、白马区、吹笛区、珞洪区。听涛区开发得最早，有九女墩、鲁迅广场、梨园、行吟阁。1980年以后，磨山区得到充分开发，磨山三面环水，建有盘山公路，修有朱碑亭，朱德曾为东湖题词："东湖暂让西湖好，今后将比西湖强。"此题词刻在碑上。从磨山顶可鸟瞰浩渺的湖水。磨山附近建有仿古建筑楚城，楚城金碧辉煌，隐隐约约地伫立在山林中。整个东湖风景宜人，有200多万株树木，尤以梅花、荷花、唐菖蒲为东湖三大名花。磨山南麓的植物园有250多种树木。从磨山东峰下山，可到落雁区，这里的水鸟很多，大雁南来北往在此栖息。落雁区的北面是白马区。传闻三国鲁肃在赤壁之战中帮助周瑜打败曹操，回吴途中，坐骑白马死于烂泥之中，他葬马于此。在落雁区的东南是吹笛区，山峦起伏。

为了保护和开发东湖风景区，武汉市把紧邻东湖的珞珈山、洪山也圈定在风景区内，组成了珞洪区，这一带有风光秀丽的武汉大学校园，有宝通禅寺、洪山宝塔、施洋烈士墓、洪山公园。目前准备打造一个大面积的生态湿地保护区。

1949年前，汉口有一些私家园林：

杨森花园，在汉口惠济路附近，四川军阀杨森1928年建，占地5.6公顷。园内有荷池假山、楼阁亭台。现为市委机关大院的一部分。

刘园，在汉口循礼门，1901—1905年建。园主刘歆生是汉口的地皮大王。园内以池塘为中心，建有浮碧亭、翠寒亭、饲豹房等。第一次国内革命战争时期，吴佩孚的司令部设于此。1929年，夏斗寅的武汉警备司令部也设于此。现为中国船舶公司所属机关院落。

万松园，在汉口万松园路，占地6公顷。1918—1926年建，由商人、官僚合资，园内有八字形河渠。渠河上有7座小桥，建筑物还有戏院、楼阁，并栽有松柏等树。1931年毁于大水。

豫成园是清代康熙年间的豫省覃怀商人所建，在汉口药王庙以东，今已毁。《汉口丛谈》卷二载有嘉庆十九年（公元1814年）汉阳人程耕云撰写的《豫成园记·药王庙东厢别墅》，描述该园花木扶疏，别饶幽致，是"借山水以消尘务，亲泉石而豁性灵"的休闲之地。

「武汉中山公园湖景」

汉口现有中山公园。中山公园初名西园，私人拥有。1926 年改名中山公园，政府投资扩建，面积约 33 公顷。园中既有西式建筑四顾轩、四瞰阁，又有中式亭轩。园中既有一片片湖池，也有纵横的河渠。园子分为南部游憩区、中部文体区、北部游乐区。由南大门进入，左边是湖，湖上有岛，湖面可划船，右边有石山和花圃。园子中部有会场、网球场、游泳池。靠北的后部有大草坪、儿童游乐场。原有动物园，后迁到汉阳区。

汉口的解放公园最初是西山跑马场，1951 年建成苗圃，1955 年建公园，占地约 48 公顷。该园以东西向为主轴，轴东是大门，轴上有花坛，其后有露天音乐场。轴的右侧有苏军烈士墓，用以纪念抗日战争时期在华牺牲的前苏联空军将士。该园还有儿童游戏场、猴山等。园中有纵横的河汊，宽阔的草坪，大片的杉林。

三镇之一的汉阳有晴川美景，有古琴台知音胜迹、归元禅寺，还有武汉动物园。动物园坐落在墨水湖畔，有陆地面积 42 公顷，内湖（马沧湖）水面 26.7 公顷。全园三面环湖，形成半岛，具有湖光山色、鸟语花香的自然景观，是一座把风景、动物、植物和游乐融为一体的半自然式的动物园。动物园建有百鸟乐园、鹤岛、天鹅湖、中型猛兽馆、大熊猫馆、斑马馆、长颈鹿馆、两栖爬行馆、象馆、金丝猴馆、猩猩馆、狮虎山、熊山、孔雀园、鹿苑、儿童游乐园、驯兽表演场、自然放养区等 30 余座动物馆舍展区，是融野生动物饲养与繁殖、保护与研究、收容与救护、科普教育、演展娱乐为一体的综合性园林动物园。

汉阳有汉阳公园，1956 年在一片芦塘荒地上建成。莲花湖旁，占地约 5 公顷。该园在布局上小巧紧凑，有苏州园林的意蕴。大门之内有中轴线，轴道上有雕塑、文汇堂、牡丹园，两边分别有语春楼、凤翼亭、玫瑰园、石榴花塔等。园内还有虚心亭、丛笑亭、送暖亭和眺虹轩等风景点。

“江西是个好地方”

到江西旅游，经常可以见到邓小平曾经对江西的点赞“江西是个好地方”。此话极有道理，江西的民居园林最能证明“江西是个好地方”。

(一)原生态的古村落

江西历史悠久，在万年县的仙人洞发现距今8000年的原始人遗址。

乐安县有个流坑村，村民都姓董，尊崇汉代的董仲舒。五代时迁建于此，宋代修有族谱。南宋隆兴年，村中出了个状元董德元，并修建了状元楼。村民有经商的，有种田的，但最重视读书，历史上先后产生过44名进士，200多名举人。村中的明清古建筑309栋，其中有近百座祠堂，成为文化深厚的古老村落。《光明日报》在1996年8月28日专门报道过这个村落。有的专家建议把这个村落作为世界文化遗产向联合国申报。

江西的乡村生活也很有情趣。唐代王驾有《社日村居》诗云：“鹅湖山下稻粱肥，豚栅鸡栖半掩扉。桑柘影斜春社散，家家扶得醉人归。”这鹅湖山就在今江西铅山县境内。农家在风调雨顺的年代，稻谷长势喜人，鱼虾满塘，猪鸡满圈，人们丰足，个个淳厚，宅门不用紧闭，在春社欢庆时饮酒作乐，一醉方休。

景德镇郊外的渡口码头有一条三间庙明代古街，街长800米。从唐末以来，它一直是鄱、浔、徽诸州进入景德镇的要道，很多外省人在此定居，清代成为商业之街。至今，街上仍是石板路，两旁是明清时代的房屋。街上有拱形青砖门，门楣上书写着“三间古棚”。景德镇郊外的村庄，古代流行闾门(里门)。如西郊兴田

「三间庙古街」

夏村的闾门很有特色，单开间硬山顶构架工整，做工细丽，大门上楣额缀有四颗海棠门簪，成为村头一景。

在景德镇郊外88千米处有桃墅古镇，人们称之为江西的世外桃源。这里丛山环抱，自成一个小环境。从此处可通达安徽、浙江，所以历代不乏商贾往来，至今有许多明清建筑。如汪氏祠堂系明代嘉靖年间修建，有大小天井，构架粗犷疏朗。汪明月住宅，布局严谨，大门在中轴线上，依次有天井、上堂、下堂、明间、堂屋为楼房，楼上有两间绣房，底层有精致的槅扇门，两侧有风火墙。

江西西部的安福县洲湖镇塘边村有近400户居民，村中的建筑多是高墙大院，进院门有数幢房屋，院中有院，门与门套连，如同迷宫。这种“群落”式古代建筑在全国少见。村民由大家分成许多小家，房屋紧密地挨在大院中，反映了农耕社会宗法习俗、封闭与求安的心理状态。《光明日报》1996年12月10日报道过这个村落。

婺源县保存了许多古老的民居，一直被称为古民居建筑博物馆。这里的明代建筑雍容大方，砖雕木刻都淡雅疏朗。清代建筑细丽精美，注重雕刻装饰。官家的住房讲究正统，商家的住房追求吉祥。大部分建筑都是以青石为基础，黑瓦白墙，都有天井门廊和水磨石库门框。这里不仅有老宅，还有旧祠堂、官邸、塔、戏台，形式多样，古朴大方。

江西南部住着许多客家人，这些客家人有的是从福建、广东倒迁到江西的，他们修建了许多围屋。所谓围屋，就是围起来的房屋。平面一般呈方形，少数呈圆形、半圆形、八卦形。外墙厚1米左右，外砖内土，既可承重，又可用于防卫。大多数围屋高三层，四角有高出一层的炮楼。外墙的上部有瞭望孔。屋顶采用硬山形式。围屋有大门，门上有围屋名称，如龙光围、燕翼围。围内四周都是层层房间。围内有水井，供人们饮用。围外有水沟。围内有空场子，有的在场子上盖主体建筑，设祖堂，供神龛。

「围屋」

这些围屋大多建于清代中晚期。

由于这里是四省交界，流动人口很多，加上宗族或村落之间相互防范，所以人们聚族而居。围门之后有闸门，闸门后有便门，门顶还有灭火的漏水孔。从围门可知，修建围屋，在很大程度上是为了安全。至今，赣南仍有600多座围屋，龙南县的围屋最有代表性，当地保存的一些族谱记载了修建围屋的动机和作用，如《颍川堂陈氏族谱·总谱》有《建造东生围详记》(东生围在安远镇岗乡，是一处较大的围屋)："咸丰二年（1852年），肆布谣言，时势大乱，父子重议，要有坚实墙体，方可保护人口财产，施请工师再议重围外围如城，墙厚需四尺五寸，对外门窗，均用条石……竣工后同年五月，李元古造反，乡岭皆躲入我围。又两年，长毛贼来乱，皆由我围躲难，计三千余人得保平安，众乡亲皆谓我有先见之明，加紧造好围屋防贼。"可见围屋在社会动乱中有护民的作用。

赣南客家习惯在门上书写"门榜"匾额，大多三四个字，表示的内容是不忘祖宗，不忘传统伦理，不忘先贤。

如：黄姓的"江夏渊源"昭示黄姓出自江夏郡；陈姓的"颍川世第"、罗姓的"豫章遗风"、孔姓的"尼山流芳"都反映了祖籍。外面的人一到此地，就可以知道这里居住的是很传统的宗族，同姓同宗的人到此地会感到很亲切。有的门榜写有"清白传家""知音高风"，表明本族先贤的事迹和价值取向。杨姓在东汉有杨震拒绝受贿，以清白为官。钟子期有缘觅知音，钟姓以"知音"自誉。

由赣南的围屋，使人想到它实际上是一座宗族之城，是古代府城、县城的缩小，也是皇城的缩小。中国古代社会的基本构成是由千千万万个宗族组成国家，国是家的放大，是家族的总和。皇城有坚固的城门，门外有护城河与防守设施。围屋不过简单些、小些而已。要理解中国古代社会结构，可以从围屋入门。

(二)稼轩、玉茗堂故居

宋代辛弃疾一直心怀壮志，主张抗金，收复中原。他在担任江西安抚使时，在上饶城北带湖之滨修建了"稼轩"，作为引退的居处。他在淳熙八年（公元1181年）写了一首《沁园春——带湖新居将成》，先述说了建新居的原因，又描述了新居的规划："东风更葺茅斋，好都把轩窗临水开。要小舟行钓，先应种柳，疏篱护竹，莫碍观梅。秋菊堪餐，春兰可佩，留待先生手自栽。"这就是说，修建的茅屋，窗子面水，前后有竹、梅、菊、兰，以便熏陶情操。

在临川沙井有明代戏曲家汤显祖的玉茗堂。汤显祖，临川人。他仕途坎坷，因触犯权贵而劾归故里，修营了玉茗堂。玉茗是一种白色的山茶花，汤显祖很欣赏玉茗的清新高洁。宅园很雅致，有诗为证："沙井阑头初卜居，穿池散花引红鱼。春风入门好杨柳，夜月出水新芙蕖。"汤显祖撰写的《牡丹亭》《还魂记》等作品以玉茗堂为原型。欲深刻理解这些作品，应当到其故居体验和感受。

「玉茗堂」

吉安县富田乡文家村有文天祥故居。文天祥是南宋民族英雄，他的《正气歌》"人生自古谁无死，留取丹心照汗青"为千古传诵。文天祥的后裔有数以万计，文家村内住着30多户文氏子孙。1992年在文家村建成文天祥纪念馆，这里保存着一幅文天祥真像和文天祥手书真迹，国家文物局鉴定为一级文物。文家村后的山里有文天祥墓。

在奉新县城东南的宋埠乡牌楼宋村有宋应星故居。宋应星，字长庚，明代江西南昌府奉新县北乡人。他的故居旁有潦水支流向东流去，周围有茂密的竹林。据《宋氏宗谱》记载，宋家本姓熊，元明之际避居此地，承妻姓而改称宋。宋应星的曾祖宋景官至兵部尚书，子孙封荫为官，宋村至今尚存的"三代尚书第"牌坊就是为宋景、宋宇昂、宋迪嘉三代人而立。宋应星出生时，家道衰落，从小接受宗族的蒙学教育，后来考取举人。万历四十四年至崇祯四年（公元1616—1631年），宋应星5次会试均未成功，于是转向研究实学，研究科学技术，写出了《天工开物》。宋村的房屋大多具有江南古建筑风格，村头的德水桥有数百年历史，村内保存有明代建的石牌坊。宋氏家族有完整的《宋氏宗谱》，这是研究宋应星的珍贵资料。

在南昌市近郊青云谱岱山东南有八大山人故居。清初顺治十八年（公元1661年），八大山人在此隐居。八大山人即朱耷，著名书画家，他独创一派（泼墨），对扬州八怪、吴昌硕、齐白石都有影响。八大山人的旧宅已毁，现存屋宇是清末重建，仍仿照了原有的样式。八大山人当年曾编有《青云谱志》，其中有道院全图与现存建筑基本上相似。当地政府把故居改建成了纪念馆，扩大了故居的文化内涵。故居有八间陈列室，展有八大山人的字画。

（三）庐山的外国别墅

江西庐山是一座文化内涵丰厚的名山，山上有许多民居，其风格反映了100多年来受到的外来文化影响。从1885年以来一直有人在山上建公馆、别墅、教堂，以至于山上成为了西洋建筑博物馆。如罗马式建筑采用厚实的砖石墙、半圆形拱券；哥特式建筑采用尖拱券、小尖塔。山上还有拜占庭式建筑、东洋式建筑、清真寺建筑。大多数别墅都沿山坡，幢与幢之间有道路，楼前有草坪、花坛，这与传统的中国民居形成完全不同的布局，颇有现代山林城市的韵味。庐山上风大，土瓦容易被风掀走，所以人们就采用铁皮顶，以铁钉加固，顶上用油漆涂刷。白铁皮轻便、便宜、适用，白铁屋顶成为庐山民居的一个特征了。庐山别墅大多以石头作外墙，并用石头砌廊柱、栏杆、烟囱，石材多是花岗岩、石英砂岩。

初步估计，庐山有近代别墅1000多栋，总建筑面积50万平方米，有20多个国家的别墅，几乎每一座别墅都有名人光顾过。如：河东路175号，司徒雷登在1946年住过，毛泽东在1970年住过。它是欧洲山地式别墅，有浓厚的中世纪情调。河东路180号，以前是12号，也曾编为13号，现在以“美庐”闻名。地形上是太师椅形，背后有城墙山、大月山，前有长冲河。别墅坐北朝南，以石头建造。1933年，蒋介石让人在别墅南面的一块天然巨石上题刻了“美庐”。新中国成立后，毛泽东曾三次下榻此处。宋庆龄、林彪、郭沫若、陈毅、胡耀邦都曾在此别墅居住。

（四）得山水之助的园林

江西的园林置于大自然中，使人体验天下合一的意境。白居易在庐山筑寓园，他在《草堂记》自述：“仰观山，俯听景，旁睨竹树云石，自辰及酉，应接不暇。俄而物诱气随，外适内和；一宿体宁，再宿心恬，三宿后颓然嗒然，不知其然而然。”他在草堂使身心俱遗，物我双忘，如入仙境。

江西北部有庐山风景名胜区。庐山，古称匡庐。西汉司马迁曾游览过庐山，他在《史记》中说：“余南登庐山，观禹疏九江。”东晋时慧远在庐山的东林寺创建净土宗，东林寺有神运宝殿、十八高贤堂，日本东林教仍以东林寺为发祥地。庐山五老峰下有白鹿洞书院，是宋代的四大书院之一。理学家朱熹、陆象山、王阳明都曾在此讲学。双钟镇的石钟山历来是兵家必争之地，也是文士云集之处，这里有绀园、半山亭、一览亭、浣香别墅等园林建筑。九江市内甘棠湖有烟水亭，是三国周瑜点将台旧址。庐山南麓的秀峰原有开先寺，这里留有颜真卿、黄庭坚、王阳明、康熙的手迹碑刻。庐山的花径园有大林寺，白居易在此居住并咏桃花。花径园有花径亭、景白亭、岩石亭、花卉区、湖心岛、九曲桥。庐山的仙人阁是吕洞宾的修仙之地，有朱元璋的御碑亭。历代名人如王羲之、陶渊明、谢灵运、李白、范仲淹、岳飞、文天祥、徐霞客、李时珍、康有为均在此留下足迹。

「庐山花径园里的九曲桥」

庐山不仅人文景观资源丰厚，而且以自然风光取胜。正因为风景绝佳，才吸引了几千年的名人到此一游。古人说“匡庐奇秀甲天下”，庐山的瀑布很多，如三叠泉、谷帘泉、玉帘泉、六龙潭都飞流直下、千姿百态。庐山的山峰奇异挺拔，有五老峰、香炉峰、汉阳峰，峰谷之间云雾缭绕，幻若仙境。汉阳峰海拔 1474 米，峰顶有汉阳台，台前有禹王崖。五老峰如同五位老人临湖而坐。天池山西南的龙首崖下临绝壑，可远眺长江。含鄱口俯视鄱阳湖，是观日出的好地方。山顶的小天池、大天池都有神奇的传说。山顶的牯岭镇有许多名人别墅，它是风景区的中枢。

宋代，江西人才辈出，有些名家大族也兴建了园林。洪适的园林称为“盘洲”。洪适的父亲洪皓是一位很有气节的史学家。建炎年间，洪皓出使金国，金人逼迫他留在金国做翰林学士，他固辞不就，以至于被软禁十几年。洪皓著有《帝王通要》《松漠纪闻》。他口才很好，思维敏捷，为人刚直。他的三个儿子（洪适、洪遵、洪迈）都很有才，先后中了博学宏词科，誉满天下。洪适是长子，当过三个月宰相，后来弃官回江西波阳，修“盘洲”安居。洪遵在饶州门外筑有“小隐园”。洪迈在盘洲旁筑有“野处”。

从现存的《盘洲文集》可知，盘洲约有百亩，夹在两溪之间，水源充足。园内有“洗心阁”，从阁内启窗卷帘，可见漂亮的外景。阁旁有竹林，又有“舣斋”“一咏亭”等。盘洲最大的特征是有各种植物，如：庐陵的金柑、上饶的绣橘、赤城的脆橙。植物有各种颜色，白色的有：海桐、玉茗、素馨、茉莉、水栀、山樊、聚仙；红色的有：佛桑、杜鹃、丹桂、山茶、月季；黄色的有：木樨、棣棠、蔷薇、儿莺、迎春、蜀葵、秋菊；紫色的有：含笑、玫瑰、木兰、风薇。此外，还有芍药、石榴、木蕖、海仙、郁李、山丹、水仙、红蕉、石竹、鸡冠。园中沃桑盈陌，横枝却月，苍槐挺拔。山有蕨，野有芥，林有笋。就在这个园中，洪适早出晚归，陶醉其间，不胜其乐。

江西与湖南交界的井冈山已经成为了大型游览风景名胜区，这里有茨坪、龙潭、黄洋界等景区，以红色历史文化为特色。

茨坪位于井冈山腹地、风景区的中心，北面岗上有高 20 余米的革命烈士纪念塔，南端有占地百亩的南山公园。园内有挹翠湖，湖边有曲桥、亭阁、花圃，湖心有小岛。茨坪的革命遗址很多，有毛泽东、朱德故居、红四军军部等，现建有革命博物馆，陈列革命文物、史料、图片。在茨坪西北 7 千米的翡翠谷有龙潭，这里有五瀑十八潭。茨坪以西 8 千米有大井，这里有高山田园风光，也是毛泽东等人的革命活动场所。茨坪西南 20 千米处有海拔 1357 米的笔架山，这里是观云海日出的最佳处。以茨坪为中心，周围有五大哨口，分别是黄洋界、朱砂冲、双马石、八面山、桐木岭，都以险要著称。

南昌市内今有人民公园和八一公园：

人民公园，位于南昌市区东北，最初是机场旧址，后辟为苗圃，1955年开始造园，1963年对外开放，占地32公顷。园中自北向南挖掘了溪流，把园子分成东西两部分，并形成了一些湖池。园东有动物园，设有熊猫馆、海豹池等。园西有活动区，设有儿童乐园、花圃、露天演出台。

八一公园，在南昌市中心。起初，这里有一片湖，湖中有百花洲。民国年间在此建有湖滨公园，1949年以后扩建，改名为八一公园。公园占地约20公顷，其中有三分之二是水域。湖上有4个小岛，岛上有亭廊、水榭。岛与岛之间有桥、堤相连。园东北陆地是文娱活动区，有花卉陈列室、大草坪。湖中的望鳌亭可眺望全园景色。

九江市襟江带湖，滨长江，靠庐山，东临鄱阳湖，西邻八里湖，有很多水系在此流入长江，故称九江。“九，言之多也”。晋代在此设浔阳郡，所以九江简称“浔”。九江是交通枢纽，号称“七省通衢”。历史上是兵家必争之地，三国时、元末时、太平天国时，这里都发生过大战。《太平寰宇记·江州条》记载九江的地理位置很重要，认为“寻阳南开六道，途道五岭，北守长江，运行岷汉，来商纳贾，亦一都会也。历宋齐梁陈，郡与州并理，弹压九派，襟带上流，自晋以来，颇为重镇”。在长江流域的众多城市中，九江与岳阳、武汉、南京一样都处于长江的重要位置。此类地点对于控制长江和周边平原是极为重要的。

在景德镇中心高耸的山峰，称为珠山。它的山峰如珠，河谷的群山如五龙，俗称这一地形为“五龙抢珠”。珠山顶上有龙珠阁，唐代始建，后改建，清代为督陶使的行辕。从阁上可俯视环城的风景，沿山栽满花木，实为一游览胜境。

在景德镇昌江东岸有江滨公园。园为开敞式，园内有棕榈、垂柳、桂树、修竹，是市民休闲的好场所。在景德镇南郊沙陀山有革命烈士陵园。1955年始建烈士陵园，园内苍松翠柏、枫林密布，是进行爱国主义教育的好地方。

皖江浙民居园林

长江流域从江源到下游，越往下游，民居园林文化越精彩。特别是苏州、扬州、上海的园林最为称绝。

雅致安徽

安徽省作为一个行政区划，始于清康熙元年（公元1662年），因当时的安庆是政治中心，徽州是经济和商业中心，故以安庆、徽州两地的首字合称为省名。安徽地处南北要冲，上控楚赣，下蔽江浙。

(一)极负盛名的徽州民居

徽州的民居是安徽文化的精粹，也是中国传统文化很珍贵的遗产，甚至在世界民宅遗产中也有一席之地。明清时代设有徽州府，包括歙、休宁、婺源、祁门、绩溪、黟六个县。徽州人善于经商，俗语有“无徽不成镇”“徽州算盘”“徽州人一世夫妻三年半”，说的是徽州人赚钱精明。

徽州的民居与徽州人的宗法观念有关。徽州人按宗族同居，注重保存文化与创造文化。康熙《徽州府志》卷一《风俗》记载：“新安各姓，聚族而居，绝无杂姓搀入者。……父老尝谓，新安有数种风俗胜于他邑：千年之冢，不动一抔；千丁之族，未尝散处；千载之谱系，丝毫不紊；主仆之严，虽数十世不改，而宵小不敢肆焉。”

徽州民居大多在山的南麓，有溪水环抱，道路铺青石板，宅门大多向西南。三合院多。中央有天井，天井有一方水池。水平形高墙封闭，外墙一般不开窗，窗向天井。大门在中轴线，有门罩。青灰色或白色墙壁，本色木纹。石雕、木雕的图案精细。古老的屯溪镇在黄山南麓的新安江河谷盆地，四周青山环绕，横江、率水穿城而过。屯溪名胜有仿宋商业街、戴震纪念馆、明代古房（程氏三宅）。

徽州民居的历史悠久。以呈坎村为例，该村有千年历史，宋代朱熹称之为“呈坎双贤里，江南第一村”。

呈坎村现有200余幢明清古建筑。村中现存明代嘉靖年间建的宝纶阁，三进两庑，中进大厅悬挂明代书法家董其昌手书的“彝伦攸叙”匾额，后进两层寝殿11开间，建筑物的梁柱有精美的彩绘，石栏上有精雕细刻。呈坎村原来还有文昌阁、文会馆、藏经楼、大圣堂、关帝庙、八角亭，今都遭毁。

绩溪县龙川胡氏宗祠修建得很气派，坐北朝南，前后三进，占地1146平方米，大门称为五凤楼，意为“丹凤来仪”。门楼采取重檐八角形式，正厅有14根银杏木柱，每根周长在1.5米以上。歙县棠樾村敦本堂男祠建于清代嘉庆年间，坐北朝南，占地约750平方米，三进。头进门厅有五凤楼，砖雕八字墙，三楹，天井两侧有廊庑。二进享堂为五开间硬山，有16扇漆屏。三进寝堂地面升高，五间七檩硬山，墙上有义田禁碑。棠樾村还有女祠清懿堂，男祠向南，女祠向北，取阴阳相悖之意。

黟县古民居颇有代表性。黟县坐落在山中盆地，李白有“黟县小桃源”诗句。从渔亭缘溪而上，可到西递、宏村、西武等古民居群。在黟县现存的近4000幢明清建筑中，宏村的承志堂堪称精品。它是清末大盐商汪定贵在公元1855年前修建的私宅，占地2100平方米，建筑面积3000平方米，9间天井，60间厅堂，规模宏大。它的结构也很完备，厅、井、房布局合理，防火墙既美观又实用。排水沟在暗处，下暴雨而不渍水。厅堂的木雕已有140多年，都是文化故事，如“八仙过海”“南北财神”“百子闹元宵”，形象栩栩如生。“文革”中，乡民把黄泥涂抹在木雕上，遮住了“四旧”，使木雕幸免于劫。如今，承志堂已成为民居旅游资源，参观者络绎不绝。

黟县南屏村有一条约200米的轴线，依次有72条巷子、36眼水、8座祠堂、300幢清代民居建筑。叶氏“序秩堂”占地2000平方米，歇山重檐，有80根大柱支撑殿宇，上厅供奉祖宗牌位，中厅举行祭祀和重要活动时才开大门。如果要想了解中国传统的宗法文化，南屏村是一个大课堂。电影《菊豆》的外景曾在这个村庄取景，现在有很多游客来此参观。

「黟县南屏村清代民居」

黟县西递村有122幢古民居。这里的居民多是胡氏后裔，清道光年间产生了江南六大富豪之一的胡贯三。全村有99条巷、800

户烟灶、90多口水井。全村以敬爱堂为中心，建有履福堂、大夫第、绣楼、走马楼。小溪穿过村庄，重重马头墙昂首云天。

歙县从宋代以来是徽州府、县所在地，有宋代两塔、古歙三桥、许国石坊、棠樾牌坊群。歙县县城的斗山街有大片传统民居。明清时，徽商在外地赚钱后，就在县城大兴土木，相互攀比，房屋一幢比一幢建得精致，木雕、砖雕、石雕都充满文化味。街口有座许国石坊，俗称八脚牌楼，宏伟壮观，成为歙县的标志。

徽州人注意改造环境，使之更适宜人们居住，许多村落做了大胆的尝试。歙县棠樾村随着人口增多，必须扩充水源。元朝时，他们为了截住灵山上流下来的水，修建石碣，从而保证了600余亩良田的灌溉。明朝时，又在石碣下陆续挖掘了几个池塘，作为调节水库。当地人认为，只要为了更好的生存，就应当整治水土，调理小环境。棠樾村的水源是由西向东，在村南流过，水口必然是在东南“巽”位。由此东南地势太平坦，村民在那一带堆筑了七个高大的土墩，俗称七星墩。墩上栽树以聚气蓄水，水上有桥，桥上有义善亭。绩溪县磡头村有许多明清建筑，村内的“水街”有古巷14条、古桥10座、祠堂3座。由于以前不知道保护，毁了秀桥公祠、太子庙、怀恩堂等建筑，使得村庄大为逊色。

歙县有潜口古民宅，它坐落在一个山坡，背山面水。这里本是一片荒林，当地政府选取了几幢各乡村有代表性的明清民宅迁移至此，构成民居村落展览景点。进了山门，穿过石桥，坡上有牌坊，宅前宅后有石坪、石阶。其中，司谏第是江南现存较早的明代建筑；方文泰宅有精巧的楼宇。在荒坡上建景点，把零散的旧民宅集中到一处，这对于保存文化，扩大旅游景点，都是很有益处的。

徽式建筑的主要文化特征有：

1. 徽州民居有一定的形制

徽州民居大多是方形或长方形，采用封闭式、二层楼、三合院或四合院。底层有客厅，面阔三间，厅堂两边是厢房。楼上矮，铺木板，木楼梯很窄。墙壁用白色，瓦用黑色。贴墙门楼的工艺很讲究。与北方民居相比，徽州民居的拘谨少一些，活泼多一些。如，同一幢民居的楼上楼下常常不是一样分间，楼上的立柱往往立在梁上。面向天井的梁、柱、栏、板、窗、门都有精美的雕刻，素朴而不华丽。

2. 马头墙

马头墙主要是为了防火，俗称“风火墙”。它比屋瓦要高，当邻居家失火时，火苗不易烧过来。马头墙很漂亮，造型美观。中国人喜欢龙马精神，天马行空，寓意吉祥。徽州民居突出的标志是每个村庄的建筑之上都有一群马在半空中飞奔，有动态美和跳跃感。

3. 白墙青瓦

历史上，统治者不允许老百姓采用红黄之类的贵色，这些颜色只能由皇亲国戚、达官贵人享用。老百姓用冷色，如白色、灰色、黑色。徽州民居的墙是白色，瓦是黑色。不过，黑白相间的建筑在绿色的田野映衬下是很美的，给人一种朴素淡雅、清新明快的感觉，似乎与大自然融为一体。

4. 高墙内敛

徽州民居是一个个的封闭体或半封闭体。宅门内收，门内有照壁，屋外的人很难一眼看清屋里的情况。屋里人看外面的视线也不是太好。这与农耕思想、商人的低调或储藏观念有关。

5. 文化内涵丰富

徽州民居特别注重趋吉、伦理、读书。西递村履福堂的楹联是“几百年人家无非积善，第一等好事只是读书”，反映了乡民推崇儒学伦理道德的社会风尚。

6. 建筑质量精细

徽州民居特别讲究工艺。门罩或门坊大多有精心设计的装饰。

7. 整体设计很讲究

徽州民居平面多作内向方形布局，面阔三间，左右对称。基本单元一进一进地向纵深方向发展，一堂高于一堂，俗称“步步高”。屋内檐口都内朝天井，俗称“四水归堂”。

(二)漆园、陋室、探花第

安徽的人才很多，有历史价值的故居亦多，到任何一个乡镇都可以见到名人故居。

蒙城县城东门外有庄子故居，古代称为漆园。北宋元丰元年（公元

1078 年）在此建庄子祠，苏轼作有《庄子祠记》。明代重建，清代加以修整。祠已毁，仅存《庄子祠记》碑。庄子是先秦著名思想家，是蒙城人，曾任漆园吏，他的故居有待恢复。

和县有唐代刘禹锡的陋室。刘禹锡曾任和州刺史，当地的官绅要为他修建官邸，他拒绝了。他在官衙后的山坡搭盖了两间陋室，并写了《陋室铭》。今陋室仍陈列着这篇不朽的名作，其文：“山不在高，有仙则名。水不在深，有龙则灵。斯是陋室，惟吾德馨。苔痕上阶绿，草色入帘青。谈笑有鸿儒，往来无白丁。可以调素琴，阅金经。无丝竹之乱耳，无案牍之劳形。南阳诸葛庐，西蜀子云亭。孔子云：‘何陋之有？’”文中强调了人的品德，有德才能充溢芳香。陋室虽简朴，但精神生活很充实，来往的都是学富五车的大儒，谈论的都是经典。《陋室铭》表现了高雅的居住观。汉代扬雄（字子云）在成都住的草玄堂、汉末诸葛亮在隆中（今湖北襄阳）住的茅庐，都是陋室。室虽陋，只要精神不陋，室主的人生就是充实的。

在全椒县襄河古城北隅有探花第。探花第是吴敬梓故居。第，古代有住宅的意思。吴敬梓是清代小说家，著有《儒林外史》等。他的故居，负岗面水，门前有旗杆石，是当初探花第做安插旗杆用的。故居今已改为纪念馆，1991 年对外开放。这是一座明清风格的建筑群，外围有花墙，主体建筑坐北朝南，有中轴线，建筑物错落有致。展厅中央有吴敬梓塑像，橱柜展示各种版本的《儒林外史》和有关书刊。当代许多名人都在此留下墨宝，如鲁迅写了碑词，沙孟海写有匾额，何香凝、周谷城、老舍、李苦禅、陈毅、郭沫若都赠来了书画。

「 吴敬梓故居——探花第 」

除了漆园、陋室、探花第，安徽还有陶渊明等历史名人的故居，如：

东至县东流镇的菊圃有陶渊明故居。晋朝义熙元年（公元 405 年），陶渊明任彭泽县令，有上司前来巡视，索要礼物，陶渊明愤然辞官而去，隐居于此。后代在此修建了陶公祠，种植了五株柳树。朱熹、王十朋、于谦等名人曾到此拜谒。

黄山市屯溪有戴震故居。戴震，字东原，清代思想家和考据学家。他精通文字音韵，后人编有《戴氏遗书》。故居保存有藏书楼、读书馆、洗砚池、围墙，还有戴震的原手迹珍贵书一部。附近有戴东原纪念馆。

(三)城乡皆有园林

合肥市的绿化很好。1992 年，合肥与北京、珠海等城市一同被评为国家级园林城市。合肥有环城公园，它曾与西安、济南的环城公园并列全国三大环城公园。公园全长 9 千米，依托庐州古城和护城河。环东景点有九狮雕塑和喷泉。环西景点有野生动物雕塑群。环北景点有丛林夹道。沿路景点相连，大片草坪，一个个亭阁，主要的人文景观有香花墩上的包公祠，这是为纪念北宋清官包拯而建。

合肥的西郊有蜀山森林公园，占地近万公顷，公园紧邻董铺水库、巢湖，形成秀丽的湖光山色。蜀山又称独山，是平地兀起的孤山，有个四川僧人在此建开福寺。

合肥的东北有逍遥津公园，占地约 20 多万平方米。它在历史上是淝水古渡口，三国时张辽与孙权在此发生大战，《三国演义》第六十七回有描述。近代以来，这里曾修建了几座私人花园，现已不存。公园现由动物园和游园组成，园中有豆叶池，池中有岛，四周是游廊和树丛。

「芜湖市镜湖公园」

芜湖市中心有镜湖公园。它是南宋第一状元、词人张孝祥“捐田百亩，汇而成湖”，后来辟为游人的景点。1958 年改建为公园。湖面积 230 亩，深 2 米。湖中有湖心亭，湖滨有迎客松和小桥。离镜湖不远处，原有几个小水塘，1976 年也改建成九连塘公园。

安徽的农村有一些私家园林，以黟县为例：西递村有西园。西园是清道光年间知府胡文照建造的宅园。这是一座狭长的庭院，由八字砖砌门楼入口，内有三幢楼房。庭院中有前园、中园、后园，砖墙有拱券门洞，墙上嵌有长方形大漏窗。从漏窗可互借景点，园中有花台、假山、盆景，栽有翠柏和各种花卉。园门上有“井花香处”“种春圃”等题额。西递村还有一座“桃李园”，它是清代秀才胡允明建造的宅园。胡允明在家乡办私塾，期望日后桃李满天下，所以在自已的花园门上题有“桃李园”三字，并在园中栽有桃李。园内有前、中、后三个厅堂的三间楼房。

黟县还有一座培筠园。它是南宋碧山人汪勃建造。汪勃曾任南宋副宰相、签书枢密院兼权参知政事，因与奸相秦桧不和，辞官回家修了培筠园。该园占地2000余平方米，用石块堆成券洞，洞的两侧分别是不同的园景，园内有池塘，栽有古树、竹林、花卉，置有石桌、石凳。园名之所以称为“培筠”，筠是无心的小竹，汪勃意在说明自己很渺小，已无心于功名，培育淡雅的人生。今园内的石碑上保存有南宋礼部侍郎张九成写的一首诗《碧山访友》，诗文：“万仞巍然叠嶂中，泻来峻落几千重，森森桧柏松杉老，又见黄山六六峰。”安徽颍上县有个五里湖，早在1923年豪绅尤荫轩在此建私人花园，俗称尤家花园。1949年后，人民政府扩建为淮上公园，公园占地4000多平方米，三面环水，内有江心亭等景点。园内的树木茂密，亭轩廊塔井然有序。

在歙县的唐模村有一处人造小西湖，它由清初的一位许氏富商带头修建，挖塘垒坝，设置三潭印月、白堤、玉带桥等景点，还修建了魁星楼、文昌阁、许氏宗祠。至今，有些城里人到乡间采风踏青，就到唐模村去游玩。

（四）精心打造的宏村与棠樾村

徽州的宏村位于黟县县城东北10千米，早在南宋时已有人在此居住。宏村是古黟桃花源里一座奇特的牛形古村落。村落面积300多亩，现存明清时期古建筑138幢。宏村始建于南宋绍兴年间，名叫“弘村”，清乾隆年间改为宏村，至今已有870多年的历史，原为汪姓聚居之地。据村志及汪氏宗谱记载，12世纪初，江氏始祖经过此地，认定此处很好，背有来仑山雷岗耸峙，旁有小溪环带，形势较胜，于是藏谱牒祖像，卜筑数椽于雷岗之下，开始在这里创业。过了300年，家族没有兴旺，是什么原因呢？

汪氏祖先认为不仅要选择环境，还应改造环境，才能得到最佳环境。他们三次聘请休宁海阳镇的何可达到宏村考察。何可达用10年时间研究宏村，提出按卧牛形计划改造宏村。当时，担任山西粮运主簿的汪辛拿出1万两白银资助改造工程。村民把村中的一处天然泉水扩大，挖成形如牛胃的月塘，又在牛胃的两端开掘一条弯弯曲曲的水圳，长400米，引村西河水，南转东出，环绕村舍，并且在村西虞山溪上修筑了4座小木桥。后来，又在村南开掘了一个百亩见方的南湖。整个工程历时130多年，使宏村的子孙后代得到了无穷的益处。

宏村古民居，以正街为中心，层楼叠院，街巷蜿蜒曲折，路面用一色青石板铺成。两旁民居大多二进单元，前有庭院，辟有鱼池、花园，池边多设有栏杆。现在，溪水遍布全村，家家门前有清泉。人们的饮用、浣洗极为方便，生活水平提高了，卫生条件改善了。全村犹如一幅国画，别有湖光山色，云蒸霞蔚。四周林木茂密，村头的红杨树和银杏树高达20多米。游客至此，导游说宏村是一头悠闲的卧牛，山为牛头，大树为角，屋舍为身，树为牛脚。特别是南湖一盆圣水，滋润着村庄繁荣昌盛。

宏村是古代改造环境的成功典范。1997年10月，世界建筑大师贝聿铭先生专程来宏村参观，他对这里的古建筑和古水系设施等评价极高，并在承志堂内挥笔题词："黟县宏村古建筑物是国家的瑰宝"。

2000年11月30日，宏村在第24届世界遗产委员会上正式确定为世界文化遗产。世界遗产委员会对中国皖南古村落——西递、宏村的评价："西递、宏村的村落选址、布局和建筑形态，都以周易风水理论为指导，体现了天人合一的中国传统哲学思想和对大自然的向往与尊重。那些典雅的明、清民居建筑群与大自然紧密相融，创造出一个既合乎科学，又富有情趣的生活居住环境，是中国传统民居的精髓。"

徽州歙县城西南15里有个棠樾村，早在南宋就被一个叫鲍荣的人看中。这里北靠灵山支脉——龙山，南临平原，黄山流来的永乐河由西向东环抱而过，远处有黄亭山为屏。于是，鲍荣在此兴修别墅，此后800年聚族而居，兴旺发达，直到现在仍是民俗旅游的一个景点。棠樾村的保艾堂很有文化含意。这栋民居是清嘉庆年修建。盖堂的主人为了长寿，从《诗经·小雅·南山有台》的"乐只君子，保艾尔后"取了"保艾"二字。

“艾”是“五十”，“保艾”即至少活过半百。保艾堂在数字上讲究吉利，共有 108 个房间，36 个天井，都是吉数，宅中布局按八卦方位避凶。门与门错开。

棠樾村以牌坊群而闻名于世，牌坊群由 7 座牌坊组成，以忠、孝、节、义的顺序相向排列，分别建于明代和清代，都是旌表棠樾人的“忠孝节义”的。在牌坊群旁，还有男女二祠，建筑规模宏大，砖木石雕特别精致。棠樾村的民居特点体现了一个“孝”字。大约在宋末元初，宅主鲍宗岩、鲍寿松在村后的龙山躲避强盗，父亲不慎被强盗抓获，儿子从草丛中出来，愿代父死，父亲却认为儿子关系到香火延续，坚愿己死。此事感动了强盗，释放了他俩。鲍氏后人就修筑了慈孝堂纪念他们。其后，有孝子鲍灿，为母口吮脓疽，事迹远扬，村民又修了孝子坊。明末乱世，鲍逢昌父外出无音讯，14 岁的逢昌外出乞食寻父，终于在甘肃雁门古寺找到了父亲，奉父以归，旋又割股为母治病，孝行受朝廷表彰立坊。明代永乐皇帝为棠樾题慈孝里，清代乾隆皇帝赐楹联：“慈孝奕世无双里，衮绣清朝第一乡。”现仍保存慈孝堂、敦本堂、存爱堂等建筑。

「 徽州棠樾村牌坊群 」

精美江苏

江苏省简称吴。它的名称得自于江宁和苏州两地的首字。江苏的民居历史悠久。1951 年，考古工作者在江苏江宁县湖熟镇发现相当于中原地区的商周时代的遗址，居舍的地面经过拍打平整，再用火烧烤，表面光滑，居住面直径达 10 米。江苏人热爱生活，喜欢造园，园林比比皆是，个个无比精美，遍地开花，堪称园林大省、强省。

(一)秦淮人家

南京的自然条件适合人的生存，很早就有人在此居住。南京市内鼓楼区北阴阳营已发现了古老的村落遗址。最早的是5000年前的石器时代文化层，居住区内有房子，大的数十平方米，以竹木编织架子，涂以草泥为墙，住室周围有窖穴，用以储藏食物。在同一地点，长期有人居住，中层发现了商及西周的文化遗层，上层发现了春秋战国的文化层。市郊发现多处上古民居遗址，如窨子山、泰岗寺、昝庙等。

2000多年前，在今南京中华门外长干桥以南、雨花台以北有稠密的民居。这一带土地平坦，北临秦淮，西控长江，交通方便，也是兵家必争之地。南朝时商业发达，周围几省都在此交易粮食、竹木。许多名人在此游玩，唐代李白写过一首《长干行》，其中有“郎骑竹马来，绕床弄青梅。同居长干里，两小无嫌猜”。“青梅竹马”的典故就出自于此。

南京的秦淮河沿岸是古代民居最集中之地，沿河已发现数十处原始村落遗址。东吴时，从宫城到秦淮河的朱雀门，是最繁华的地方。秦淮河南岸的乌衣巷曾是东晋王导、谢安等贵族的居住处。唐代刘禹锡到此看见王、谢宅第废墟，作了《乌衣巷》诗一首：“朱雀桥边野草花，乌衣巷口夕阳斜。旧时王谢堂前燕，飞入寻常百姓家。”唐代另一个诗人杜牧在看到十里秦淮的奢侈风气时，也写了一首颇有感叹的诗：“烟笼寒水月笼沙，夜泊秦淮近酒家。商女不知亡国恨，隔江犹唱后庭花。”

「秦淮河边的古民居」

秦淮河边有夫子庙，夫子庙又称孔庙、文庙。它始建于宋代，一直是读书考试之处。现存建筑为清代同治年建。夫子庙以秦淮河为泮池，南有照壁，北有多重建筑。历代世家大族、文人骚客常会聚于此，素有“六朝金粉地”之称。庙内有大成殿，寓意孔子集大成。夫子庙以东有江南贡院，明清时代在此举行乡试。

在中山门今海军学院内有王安石故居。宋代，这一带称白塘，地势低，积水多。王安石觉得这里很偏僻，适合隐居，于是凿渠泄水到青溪，在半山坡修建了很简朴的房子。后来，王安石生病，宋神宗派御医为他治疗，王安石奏请舍宅为寺，神宗赐寺名为“报宁”。公元 1086 年王安石去世，埋在寺后。后人称王安石故居为半山园，称报宁寺为半山寺，称王安石为半山老人。明清时代，半山寺几度被毁重建。今存数间寺屋，屋旁有一株王安石当年栽的木柏。

在升州路南彩霞街石猫坊有俞府。传闻朱元璋得天下后，封俞通海三兄弟为侯，俞通海死后又被追封为虢国公，他的住宅被称为俞府。俞家的仇人散布谣言，说俞府有“王气”，朱元璋心有余悸，就派刘基前往施法，在俞府门前立了一座石坊，上刻一百只猫子，并挖了一口井。在宅后设了钓鱼台，又设了赶鱼巷。四周的小巷纵横复杂，如同八卦阵。“俞”同“鱼”谐音，俞家在猫的监视下，在八卦阵中安分守己，朱元璋终于放了心。现存石猫坊是江苏唯一保存的明代府第石坊。

在同仁街 19 号有焦状元读书楼，坐北朝南，面阔五间，进深六间，布局工整而有气势。梁柱上雕有吉祥的图文。古代科举制，先考秀才，再考举人，最后是殿试，全国第一名是状元。考证史书，焦状元即焦竑，明万历年间状元，考完试后担任了翰林院修撰。他学识渊博，藏书丰厚。

江苏在历史上是产生状元最多的地方之一，今南京珠江路西头有一个焦状元巷。

在清凉山南麓有明末隐士龚贤（字半千）的故居。乾隆帝南巡曾有诗云：“隔岫谁家扫叶楼，清标占断石城秋。分明郑谷诗中景，逸兴遄飞那上头。”龚贤擅长山水画，有人把他称为明末清初“金陵八大家”画派之首。他有民族气节，满清入关后，宁愿在山里扫树叶，也不愿出来当官。扫叶楼的名称即出自此意。

「南京甘熙故居」

在南京南捕厅有甘熙故居。甘熙是江南望族后裔，清朝道光年间的进士。他的故居津逮楼藏书丰厚，一度称为南京最大的私人藏书楼。现存故居是清代民居保存比较完整、规模较大的一所。两组建筑各五进，号称“九十九间半”。晚清陈作霖在《金陵琐志》有介绍，说明这个建筑在当时就很出名。

在南京长江路292号有孙中山故居，两层楼，楼下三间住卫士，楼上三间是卧室、餐室、浴室。卧室内有红木床、大衣橱、九屉办公桌、沙发、茶几。餐室的墙上悬挂孙中山手迹“博爱”条幅。在故居附近有孙中山担任临时大总统的办公室。这是一幢坐北朝南的西式平房，最初曾是清朝两江总督张人骏的花厅，现在已对外开放。

(二)小桥流水人家

元代马致远有诗云：“枯藤老树昏鸦，小桥流水人家，古道西风瘦马。夕阳西下，断肠人在天涯。”人们常用其中的“小桥流水人家”描写苏州民居文化。苏州在古代是吴国的政治中心，亦是一座园林城。到了苏州，不仅要看民居，还要游名园。小河上的驼背小桥向您诉说着苏州古老的历史，宅院门前的花卉、盆景告诉您宅主的爱美观念。明代有一本《便民图纂》，大致反映苏南太湖文化，编者是邝璠，曾任苏州府吴县（今江苏吴县）知县，瑞州（今江西高安县）知府。

苏州人大多喜欢画画，画与房屋之间有互借关系。民居为画提供了素材，画又为民居提供了图案。明代苏州书画家文征明建有停云馆，他对人说：“我根本就没有能力营造斋馆楼阁，只是从图画诗文中通过想象去表现它们罢了。”文征明的好友刘南垣想住楼房，又无钱办到，文征明就画了一栋几层楼的房子给他，并把刘的像也画在楼上，命名此楼为“神楼”。刘南垣很高兴，题了一首《神楼诗》：“从此不复下，得酒歌明圣，问余何所得？楼中有真性。”此事载于明代陈宏绪的《寒夜录》卷上。

「苏州古民居」

苏州还保存了许多清代建筑：

徽商潘麟兆于乾隆五十二年（公元1787年）在卫道观旁修了一座私宅，占地6700平方米，规模宏大，有五路六进，屋宇高大，装细精致。大门朝南，进门依次为门厅、轿厅、大厅。大厅称为礼耕堂，用材粗壮，制作细腻，前檐挑檩头雕水浪龙头鲤鱼，内挑雕灵芝梁垫。后堂五开间两厢楼。全宅有八座砖雕门楼，现有三座保存完好。堂楼前的砖门楼宽 3.33 米，采用立体镂雕工艺，雕有牡丹、梅、竹、菊、荷、桂、佛手、桃、蝙蝠、蟾蜍，千姿百态，形成了精美的建筑工艺品。这个建筑群仍为居民散居，没有整理，殊为可惜。

临顿路钮家巷有潘宅。宅主潘世恩，清代乾隆进士，官至工部尚书、体仁阁大学士。嘉庆年间修此宅。这栋房子占地达 2135 平方米，有三路六进，称“太傅第”。中路有门厅、轿厅、大厅、客厅。大厅有“留余堂”匾。大厅前有砖刻门楼。大厅西第三进有纱帽厅，面阔三间，进深 11 米，左右有厢，似帽翅；厅前有小园，园中有黄石假山，传说太平天国英王陈玉成曾在此居住。纱帽厅现由街道办事处管理。

苏州有些建筑是以明代旧宅为基础，清代扩建或改建。如人民路乐桥干将西路有过云楼，这是清代顾文彬的住宅。顾文彬是道光进士，曾任刑部郎中，他擅长书法，乐于收藏。他和他的子孙一直收集书画，藏品既精且多，被称为江南第一家。潘宅以明代尚书吴宽的复园为基础，改建成集住宅、花园、义庆、祠堂为一体的大宅。住宅原占地 6400 平方米，四路五进，坐北朝南。轿厅三间，古朴浑厚，属明代的木构架。其后有清代的雕门楼、花厅、过云楼。过云楼取“过眼如云烟”之意。

苏州有些建筑是中西合璧。如人民路 80 号的天香小筑，建于 1935 年，宅主席启荪经营钱庄，资产雄厚。天香小筑包括住宅和园林。西部是住宅，坐北朝南，有鸳鸯厅、主楼、东西厢楼，三幢楼成“品”字形，相互有廊贯通。屋顶以绿色琉璃筒瓦覆盖，楼门分别有“蕴玉”“正本”“清源”等砖刻门额，门窗槅扇裙板雕刻名人书法和图案。东部是花园，有池、亭、花、树。整个宅园给人的感觉是有苏州园林的传统，又有北方建筑的风格，还有西洋建筑的特征。

「苏州天香小筑」

又如景德路的儿童医院，原是私人宅

园。清康熙年间为巡抚慕天颜的宅园，后来多次易主，不断改建。先后建有容闲堂、映红轩、琴舫等传统建筑，其后又于1934年建了西式楼房，仿罗马建筑风格，前廊排列四根大立柱，楼梯为扇面螺旋形，楼旁有喷水池。苏州的明清建筑较多。民居紧贴河道布置，叠石为基，临水建宅。有的民居甚至在窄河上跨水建宅，一宅一桥。宅门对街，宅屋临河。居民从后门到河里洗涮，一幅“小桥、流水、人家”的景象。

大多数民居都有中轴线，在轴上建门厅、轿厅、住房。轴线两边布置客厅、书房。大宅之间有备弄，作为交通线，用于巡逻、防火。房屋布局有三进、四进，多则五进、六进。

民居建筑物尽量朝南，或朝东南。门窗大，便于通风、防潮、防热。墙上开窗，窗上精雕细刻，如同一幅艺术品。房屋东西两头常用高墙封闭。一般是白墙、黑瓦、本色木架。客厅前常有小池和叠石，面向内庭的门楼多有砖雕装饰。

苏州距葑门外20千米有个周庄。它的历史至迟可追溯到北宋。宋迪功郎周君在此设庄，后来发展为集镇。周庄的特色在水，周围有澄湖、南湖等。镇内有四条河将市井分割成井字形。镇上民居有半数以上是明清、民国时修建的，穿行于石板街，令人仿佛回到了旧时代。南市街上有江南豪富沈万三的后裔沈本仁的住所，它的大门朝东，七进五楼门，有水墙门、墙门楼、正厅、堂楼，共百余间房屋。镇上的水巷、拱桥很多，人们以舟代步，小舟穿过一座座石桥，很有水乡情趣。

在苏州以西的洞庭西山，有许多民居具有观赏、游览价值。如：明月湾古村，依山面湖，村中道路以条石铺砌，两边有古老的民宅，有的宅子像私家园林，古树、小桥、寺庙，构成一幅幅世外桃源的图景。村中有吴宫女梳妆的胭脂井、画眉池遗迹。类似的村庄还有东村、绮里、东湾、秦家堡等。

太湖东南隅有个半岛，称为洞庭东山，今属苏州市吴县。这一带风景宜人，且有许多古民居。初步统计，有20多处古典园林村遗址，有90多处明清建造的庭院第宅，有灵源寺、灵峰寺等遗址，有翁巷、陆巷、杨湾村等民俗村。如杨湾古街，街两旁多是明清建筑，地上用青砖侧砌成“万人”字纹，主要建筑有轩辕宫、猛将堂、明善堂、熙庆堂、怀荫堂。清代乾隆皇帝曾在此游玩。

在东山镇松园弄有个春在楼，系私人住宅，坐西向东，取“向阳门第春常在”之意而名。该楼以精雕细刻而闻名，俗称雕刻楼或雕花楼。它由门楼、前楼、后楼、花园组成，总面积约3000平方米。门楼由水磨砖砌，门外正中砖刻“天锡纯嘏”，门内上端刻“聿修厥德”横额，还雕有“尧舜禅让”“郭子仪拜荐”“福禄寿”“八仙”等图案。前楼为主楼，五开间，中三间为厅堂，旁为书房。厅堂的门窗裙板上刻有二十四孝图，外出梁头刻有48幅《三国演义》舞台场景。二楼为生活用房，刻有“蝙蝠捧寿”等图案。从前楼到后楼之间有回廊。两楼如同工艺品，令人产生许多联想，前楼大厅雕刻的172只凤凰堪称艺术精品，每只造型不同，有立有飞，有仰升，有俯降，充满了活力和韵律。厢房半窗的夹堂板和长窗的裙板上刻有劝勉勤奋读书的浮雕，如“悬梁刺股”“囊萤夜读”“不顾羹冷”，反映了宅主对子女的希望，也体现了这座民宅的精神取向。

「春在楼一角」

东山的雕花楼给人印象很深，特别是建筑中体现的民俗特征，令人难以忘记。如伸手有钱：每个房门的拉款，都做成钱币形状。脚踏有福：门槛处处有蝙蝠（福）图形。抬头有寿：抬头望见梁柱上有刻镂的仙桃寿果。回头有官：一些主要的横梁上有官帽形的装饰。出门有喜：出门时，在门楣上刻有喜鹊。

在苏州西南的石湖行春桥畔有范成大祠。范成大是南宋田园诗人，辞官后隐居石湖，自号石湖居士。其别墅早已无存，现仅存明代修建的祠堂。史书说范成大的别墅颇有规模，有千岩观、天镜阁、盟鸥亭、农圃堂、梦鱼轩、绮川亭、说虎轩等建筑，随地势高下，背山临水。宅前是太湖的大内湾，湖光山色。

苏州文昌阁曾是唐寅故居。唐寅，字伯虎，明代画家。传闻此地为唐寅亲自选择，署额桃花庵。清代先后改为宝华庵、文昌阁。现存建筑面积500多平方米，坐北朝南，两路两进，有水池和殿堂。现存《桃花庵歌》石刻碑文，歌云：“桃花坞里桃花庵，桃花庵里桃花仙。桃花仙人种桃树，又摘桃花换酒钱。酒醒只在花间坐，酒醉还来花下眠。半醉半醒日复日，花落花开年复年。但愿老死花酒间，不愿鞠躬车马前。车尘马足富者趣，酒盏花枝贫者缘。若将富贵比贫贱，一在平地一在天。别人笑我成病癫，我笑他人看不穿。不见五陵豪杰墓，无花无酒锄作田。”这首歌颇能反映唐寅绝意仕途后在此的隐居生活。

在苏州锦帆路有章太炎故居，人称章园。章太炎1901年执教于苏州东吴大学，1934年定居苏州，1936年6月14日在苏州病逝。其间，在章园开设了“章氏国学讲习会”，各省前来求学者多达500人。章太炎安葬在杭州西湖南屏山下，在章园有衣冠冢。章园的房屋由市老干部局使用和保管。

(三)晴山堂等知名故居

除了南京与苏州，江苏各地还有许多名人与故居。

明代的地理学家和旅游家徐霞客是江苏江阴马镇乡南旸岐村人。他出游34年,足迹踏遍大半个中国,在地理科学上有巨大贡献。《徐霞客游记》是不朽的名著。

在徐霞客家乡，原建有晴山堂，后来被毁。1978年建有徐霞客纪念堂，这是一座三开间硬山顶古式厅堂，灰墙黑瓦，绛门朱窗。厅前有徐霞客行迹路线图，厅内有徐霞客雕像。厅前有花园，厅后有霞客墓。到徐霞客故居参观很方便，从江阴乘车到马镇，离镇不远有一座石桥，桥椽上刻有对联“曾有霞仙居北宅，依然虹影卧南旸”。故居有晴山堂石刻，共76块，上面刻有85位文人的94篇诗文。其中有明代宋濂、董其昌、文征明、高攀龙的作品，具有很高的文学价值。

明代散文家归有光是昆山人，当过县令之类的官。他写了一篇很有名的《项脊轩志》，描述他17岁时苦读的条件：“项脊轩，旧南阁子也。室仅方丈，可容一人居。百年老屋，尘泥渗漉，雨泽下注，每移案，顾视可无置者。又北向，不能得日，日过午已昏。”从文中描述可知，归有光的小书房项脊轩仅可容一人，朝北，漏雨。就是在这种环境下，他发奋读书，后来终于考中了秀才。为了改善学习条件，归有光对项脊轩“稍为修葺，使不上漏。前辟四窗，垣墙周庭，以当南日，日影反照，室始洞然。又杂植兰桂竹木于庭，旧时栏楯，亦遂增胜。借书满架，偃仰啸歌，冥然兀坐，万籁有声，而庭阶寂寂，小鸟时来啄食，人至不去。三五之夜，明月半墙，桂影斑驳，风移影动，珊珊可爱”。事在人为，经过一番努力，陋室改为庭园，居者恬然自乐。

清代书画家、文学家郑板桥是乾隆进士，曾任山东范县的知县。他出生在江苏兴化县城东南郊，故居在板桥西侧，初为茅房，后改为瓦房，坐北朝南，正屋三间，东西两边厢屋三间，中间有方形院，南面种竹。故居正中堂屋内檐挂有郑板桥手书“聊避风雨”匾，后墙正中悬挂《郑板桥先生行吟图》。故居的书房挂有郑板桥自书的楹联“室雅何须大，花香不在多”。故居可以隔河远眺文峰塔，近处有稻田和荷池。

柳亚子故居在吴江黎里镇。柳亚子是近代著名诗人，曾任南社社长、上海通志馆馆长。他的故居原是清乾隆年间工部尚书周元理的私邸，几经周转归了柳家。其宅基在临河的街上，规模有七进，库门的砖刻很精致。故居第一进有柳亚子塑像，橱中陈列柳亚子的书籍。柳亚子卧室的橱箱椅桌都是原物。第五进房屋的西首有个复壁。传说1927年“四一二政变”后，国民党士兵前来逮捕柳亚子，柳亚子躲在复壁得以脱险。故居修缮完整，廖承志题写了“柳亚子故居”横匾。现在经常有人前往参观。

「柳亚子故居」

周恩来故居在淮安西北隅的驸马巷内。晚清时，周恩来的祖父周攀龙从浙江迁来，担任过淮安县知县。周恩来公元1898年3月5日诞生于此，并在此度过了童年的12个春秋。现存故居的大门上悬挂着“周恩来总理故居”匾额。故居内有周恩来童年时的读书房、父母的卧室，还有陈列室。

故居于1976—1978不断修复，基本上恢复了旧貌。

(四)遍地开花的园林

1. 袁枚改建随园

随园在南京北门桥外小仓山。小仓山上可观远景，江湖之大，云烟之变，尽收眼底。康熙年间，织造隋公在此建园，初名隋园，史载“构堂皇，缭垣墉，树之荻千章，桂千畦，都人游者，翕然盛一时，号曰隋园”。过了30年，袁枚在南京当官，隋园已倾颓，亭阁改变为酒肆，贩夫走卒，聚饮喧嚷，一片嘈杂。禽鸟不来栖息繁殖，草木枯萎，逢春也不开花。袁枚感到很惋惜，仅用月俸“三百金”就买下了隋园，改建为随园，并且在《随园记》记载了此事。

改建后的随园颇具规模，袁枚的族孙袁起绘有《随园图》，并附《图说》，于同治四年（公元1865年）印行，可见一斑：随园有柴扉北向，曲折通门，入大院，四桐隅立。面东屋三楹，管钥全园。屋西有阁，内藏当时名贤投赠诗，称之为“诗世界”。不远处有小仓山房，陈列大镜，有诗咏镜：“望去空堂疑有路，照来如我竟无人。”附近有“夏凉冬燠所”，登上南楼，启窗可见龙舟山、鸡鸣塔、台城、孝陵诸胜景。旁有“金石藏轩”，陈列有雀篆、钟鼎文字，以及璜、琥、尊等器物。不远处有“书仓”，藏书万卷。近旁有3株千年银杏，翠干拂天。又有长廊，汇集当时名公、巨卿、骚人、女史、开士、羽客的诗翰，号称“诗城”。西边有亭，栽有700多株梅树，寒香成海。几经转折，到达一处，豁然开朗，后枕牡丹岩，前凭菡萏池。上湖心亭，水光如镜，清心濯魄。湖边山顶有天风阁，四顾可见长干塔、雨花台、莫愁湖、冶城、钟阜、白鹭洲、虎踞龙蟠、江光帆影，历历如绘，星罗棋布于窗前，非山之所有，皆山之所有。据说，当时的南京人每到春秋吉日必到郊外游玩，到随园的人尤多。特别是遇到乡试，每年有数万

「随园」

名士人来随园，以至于园门门槛每年都要更换。随园虽是私家园林，实际上成了公共游览场所。

今人陈从周先生从民间搜集到汪荣的《随园图》，汪荣是袁枚同时人。这张图为我们了解昔日的随园提供了宝贵资料。从图可知，随园依凭山水，因地制宜。据陈从周考证，随园的建筑多楼，亭榭面水，游廊周接，各自成区。内则居室，外则园林。林木布置，以竹为基调，厅前牡丹，小院桐荫，夹岸垂杨，山间古松。园林有城市园林、山地园林等类别，随园是郊野园林的实例。

南京的随园或许与大观园有关。清代曹雪芹在《红楼梦》中描述了大观园，大观园的原型取材于何处？有人说是北京的王府花园，有人说是南京的随园。康熙年间，曹玺任江宁织造，其子曹寅继任江宁织造。曹家失势后，迁居北京。曹家鼎盛时的曹家花园成了隋织造园。乾隆年间，袁枚任江宁知县，买下隋园，更名随园。袁枚在《随园诗话》说："雪芹撰《红楼梦》一部，备记风月繁华之盛。中有所谓大观园者，即余之随园也。"可见，袁枚把大观园与随园作过一番比较，才发了这段议论。现代学者胡适赞同此说。大观园与随园在规模气势上确有相同之处，曹雪芹在写作中借鉴了曹家花园旧景，是完全有可能的。

文学的源泉在生活，从多处园林中提炼出构想的大观园，这正是曹雪芹的创造。

2. 一湖五岛的玄武湖公园

玄武湖位于南京城东北，因在钟山之后，旧称后湖。又因湖中五岛象征世界五大洲，曾称五洲公园。传闻南朝时在湖中出现黑龙，故名玄武湖。上古称为桑泊，三国时孙权定都建业（今南京），引水入城，始有湖水，当时在湖上操练水军，俗称练湖、习武湖。该园以一湖五岛为主体，总面积454 公顷，水面占 77%。五岛分别称五洲：①环洲，在大门附近，洲上有以宋代花石纲遗石堆筑的假山，山北有郭仙墩、郭璞亭、九级八角形古塔。②樱洲，四面临水，洲上有许多樱树。③梁洲，传闻是梁代昭明太子编选《文选》的读书处，故名。洲上有湖神庙、陶然亭、花房、草坪。④翠洲，有露天剧场、游泳池。⑤菱洲，有动物园。

玄武湖在明代一度是朝廷的“档案馆”，全国的户口与图籍陈列在环洲等岛上，岛上只有舟楫才能达到，并有军队护守。1911年，开放为公园，1950年全面整修，先后增加了儿童乐园、展览馆等建筑。园中栽有4万多株树木，近200种。

3. 莫愁投湖的公园

公园最初是秦淮河入江口的河漕，后淤塞成湖。传闻中古有洛阳少女莫愁，家贫卖身葬父，嫁到金陵，投湖自尽。唐代称此湖为横塘，明初在此建有楼阁，清乾隆年间在此补修了一些景点。辛亥革命后在此建有粤军烈士墓。1929年辟为公园，原来占地84公顷，现仅有10余公顷。园中重要景点是胜棋楼。相传明太祖朱元璋与中山王徐达在此下棋，徐达下到最后，把棋子排成了“万岁”二字，朱元璋一时高兴，把此楼赐给了徐达。徐达虽输犹胜。棋胜楼还有一楹联：“王者五百年，湖山犹有英雄气；春光二三月，莺花合是美人魂。”上联说的是朱元璋使景观生辉，下联说的是趁早春莺花及时观赏。园中还有莫愁女塑像、光华亭、茶楼、海棠园等景点。

4. 白鹭洲公园

园名出自李白诗“一水中分白鹭洲”。有人考证此园最初是明代中山王徐达的东花园。明代王世贞在《游金陵诸园记》称此园为太傅园，记述园门处杂植榆、柳，有华堂三楹，堂前有古树，堂后有小池。“园之衡袤几半里，时时得佳木”。主体建筑是心远堂，明武宗曾在此垂钓。1929年开始辟为公园，1958年大规模扩建，现占地约19公顷。该园突出自然山水，水面约4公顷。湖面开阔，湖两岸有白鹭岛和烟雨轩作为对景。沿湖小桥造型各异，有七孔拱桥、贴水曲桥、石板平桥、半月型石拱桥等。小桥与湖水、小亭、假山、绿树融为一体。

「白鹭洲公园」

5. 邓嘉缉撰《愚园记》

愚园，仿苏州狮子林建，俗称南京狮子林。它在明代是徐达的西花园，清代时是胡恩燮的花园，一度是南京最大的私家花园。此园的特点之一是小中见大。该园把庭院、山池组成紧密的整体。特点之二是变化多端，曲与直、阔与深被巧妙地结合，引人入胜。愚园在抗战时被日本人毁，现仅存残屋浅水。

清代邓嘉缉撰《愚园记》，使我们从中可知愚园大略：愚园门向东，前临鸣羊街，后倚花冈。门内有屋数重，奉太夫人居养。屋西有园，名愚园。进入园内，有“寄安”二字嵌在石壁，旁有“分荫轩”，轩内有案几供游客少憩。园中有“无隐精舍”，三楹，朝南，其后有浴室。庭旁有春辉堂。园内其他建筑有清远堂、水石居、深耕草堂、春睡轩、课耕草堂。最绝的是“狮子林”，叠石空洞，曲道宛转，忽升以高，忽降以下，径若咫尺，而不可以跨越，游眙眩，几迷出路。在清远堂旁边的水石居有一片很美的小湖，“荷香暗袭，时有潜鱼跃波，翠禽翔集，倚栏披襟，溽暑荡涤。塘泛瓜皮小艇，可容两三人弄棹于藕深处，新月在天，水光上浮”。当年的园主向往农家生活，在园中的“深耕草堂”，“不翦茨，不丹漆，规制俭朴，略如农家，主人或亲挽桔槔学灌园，秋获足以供祭”。园中有书房，“其中积轴万卷，庋置如屏，主人每吟啸于上，弄丹黄也”。园中廊道四通八达，游客向东，却可达西，捉迷藏尤佳。

6. 瘦西湖畔名园多

扬州西北有瘦西湖，清代沿湖有24景，园林连绵达8千米，诗人汪沆有诗云：“垂杨不断接残芜，雁齿虹桥俨画图，也是销金一锅子，故应唤作瘦西湖。”扬州园林与杭州园林有相似之处，以大湖为共同空间，沿湖修建园林，依山临水，园内有园，桥亭塔阁浑然一片。扬州园林与杭州园林不同的是，由于扬州是南北文化交流的一个枢纽，所以其园林既有北方之雄，也有南方之秀。据有关资料，南朝刘宋时徐湛之已在瘦西湖边建有风亭、月观、琴室。唐朝时，裴谌建有樱桃园。宋代有郡圃、丽芳园、壶春园。元代有平野轩、崔伯亭园。明代，由于东南经济的发展，扬州园林增多。万历年间，吴秀筑梅花岭。明末，郑氏兄弟乐于造园，郑元嗣

「瘦西湖」

造嘉树园，郑元勋造休园，郑元化造五亩之园，郑侠如造休园。清初，扬州有八大名园：卞园、员园、贺园、冶春园、南园、筱园、王洗马园、郑御史园。当时，扬州园林不亚于苏州园林，李斗《扬州画舫录》卷六引时人之语："杭州以湖山胜，苏州以市肆胜，扬州以园林胜，三者鼎峙，不可轩轾，洵至论也。"《水窗春呓》卷下《维扬胜地》说："扬州园林之胜，甲于天下。由于乾隆六次南巡，各盐商穷极物力以供宸赏。计自北门抵平山，两岸数十里楼台相接，无一处重复，其尤妙者在虹桥迤一转，小金山矗其南，五顶桥锁其中，而白塔一区雄伟古朴，往往夕阳返照，萧鼓灯船，如入汉宫图画。盖皆以重资广延名士为之创稿，一一布置使然也。城内之园数十，最旷逸者当推康山草堂，而尉氏之园，湖石亦最胜。"

瘦西湖上有大虹桥通向长堤春柳，大虹桥似长虹卧波。清代有诗云："扬州好，第一是虹桥。杨柳绿齐三尺雨，樱花红破一声箫，处处驻兰桡。"瘦西湖中心有四面环水的小金山，清代乾隆年间人工堆筑。山上有风亭、月观、琴室，又有四面厅"湖上草堂"，双山顶风亭可环视瘦西湖。小金山西端有钓鱼台，台上有重檐方亭，亭的三面都有圆洞门，从圆门看远处的五亭桥和白塔，波光与日光把圆门仿佛变成椭圆形。

五亭桥又名莲花桥，横跨瘦西湖，桥上有5个亭子，以黄色琉璃瓦盖顶，桥栏柱顶雕有石狮。桥墩有4翼，共15孔。这座桥的造型堪称桥梁建筑史上的佳作，它被作为扬州的标志之一。

瘦西湖沿岸还有桃花坞，园中有荷池，栽有大片桃、柳，主要建筑有听鹂馆，馆前有叠石。瘦西湖边的平山堂是重要景点。它是宋代欧阳修任扬州太守时修建，从堂中望江南远山，正如堂栏平，故称平山堂。平山堂有楹联，上联云："几堆江山画图中，繁华自昔。试看奢如大业，令人讪笑，令人悲凉。应有些闲兴雅怀，才领得廿四桥头，箫声月色。"写出了繁华景象与悲欢离合。下联云："一派竹西歌吹路，传颂于今。必须才似庐陵，方可遨游，方可啸咏。切莫把秾花浊酒，便当居六一翁后，余韵风流。"写出了才高八斗的六一居士欧阳修的遨游啸咏。

7. 石涛叠山艺术的传世之作——片石山房

片石山房在扬州市内花园巷，初为吴家龙别业，后属粤人吴辉漠。该园以湖池，临湖有水榭，三面环列湖石，湖石有玲珑之概，是著名园艺师石涛叠山艺术的传世之作。石峰下有正方形石室，人称片石山房。

《履园丛话》卷二十说："扬州新城花园巷，又有片石山房者。二厅之后，湫以方池，池上有太湖石山一座，高五六丈，甚奇峭，相传为石涛和尚手笔。其地系吴氏旧宅，后为一媒婆所得，以开面馆，兼为卖戏之所，改造大厅房，仿佛京师前门外戏园式样，俗不可耐。"

8. 邹迪光兴修愚公谷

在无锡惠山寺旁，明代原有一处邹园，即"愚公谷"。它是由僧房改建的私家园林，转手到邹迪光手里。邹迪光做过一任湖广提学副使，被劾罢官，回到无锡，大兴土木建成此园。该园有阁廊、迷楼曲院，总计60景，如亭、虹廊、菩提场、天均堂、绳河馆、四照关、柏子林、蔚蓝亭、结仪榭、山带楼、水带阁。此园以人支配自然，使山水为人服务，堪称典范。可惜邹迪光死后，嗜酒的儿子守不住家财，园子被几家分割了。

9. 安国雇用饥民建造西林

明代，在无锡胶山南、安镇北有一座"西林"，这是嘉靖年间安国建造的。安国，自号桂坡，以印书、藏书称名于一时。有一年大旱，饥民没有粮吃，安国雇佣上千饥民，要他们在胶山以南挖池，面积数十亩，发粟千钟，计口就食，既救活了饥民，又造了一处风景。仅几个月就成功了一桩大事。

西林在处理山水奥旷方面有特色。明代王世贞在《安氏西林记》说：大凡造园，山区的人以无水为憾，湖区的人以无山为憾，居山近水的人以地方狭窄为憾，适合于观看的往往以不能游玩为憾，适合于游玩的往往以太累为憾，郊居野处难以满足口腹之欲，且难以有文人雅士光临，而西林没有任何遗憾，是一个很完美的园林。它不在城市，但离城仅30余里，没有城镇的喧闹，也没有深山的荒僻。园中建筑不侈丽，也不简率，人们爱其壮丽，又不嫉其盛名。堂阁不在山，也不傍水，但周围有山水之致，山色近人，水态柔凝。台榭巧于取景，门窗赏心悦目。园中清流环绕，绿荫蔽天，有茅屋临溪，称“芳旬”；有“岁寒堂”，以申明志向；有夕佳轩，可观夕阳西下；有嘉莲亭，临风自媚。堂后有几十亩面积的水池，周池之岸尽是古树。园主安国酷好自然风光，又有嘉荫园和南林，园中有岛、洞、台、堂，还有菜畦、菊圃。该园后遭兵燹而毁。

10. 康熙六次南巡都到寄畅园

无锡寄畅园，依傍惠山，山泉流入此。最初是惠山寺的僧寮。明代有梁姓官员在此建“凤谷行窝”，后来改名寄畅园。清代，康熙6次南巡都到了寄畅园，乾隆6次南巡也到了寄畅园，可见这个园子是值得一游的。

「无锡寄畅园」

咸丰年间，寄畅园被毁，后重建。寄畅园最初的景观，从明代王雅登的《寄畅园记》可以有所了解。当时，园主注重引泉入园，巧妙地设计流水，因“得泉多而取泉又工，故其胜遂出诸园上”。园名寄畅，典出晋代王羲之的诗句“三春启群品，寄畅在所因”。意为万物逢春，各有生意，人凭物景，足以抒情。园中泉水汇聚于“锦汇漪”，其水面约10亩，长廊映竹临池。廊接书斋，书斋面向白云青霭，故称“霞蔚”。园中还有先月榭、凌虚阁、卧云堂、含贞斋、箕踞室、雀巢、栖玄堂、爽台、涵碧亭。此园的特色，王雅登有一段评述：“大要兹园之胜，在背山临流。故其最在泉，其次石，次竹木花药果蔬，又次堂榭楼台池。”

(五)苏州园林甲天下

人们常说：“江南园林甲天下，苏州园林甲江南。”可见苏州园林是中国园林的甲中之甲。

苏州地处长江三角洲冲积平原，地势西高东低，靠山濒湖。气候温和，物产丰富，天然就是适合人类生存和文化发展的一块宝地。它是鱼米之乡、文萃之邦、锦绸之地、工艺之市、水乡之域、园林之城。

苏州历史悠久，考古发现多处上古的文化遗址。公元前560年，吴王诸樊在此建都。春秋时有梧桐园，晋代有顾辟疆园。南北朝时，北方许多大族迁到苏州。隋唐宋时，苏州繁华，居住着许多地主、官僚、商人。苏州一直是产生诗文书画人才的地方，清代的状元数量是全国之冠。富裕的生活、休闲的文化、天然的山水，这些条件使人们有雅趣兴修园林。直到20世纪，苏州仍有约200个园林，数量之多，保存之好，全国没有哪个城市能与之相比。

今人魏嘉瓒编著的《苏州历代园林录》是迄今介绍苏州园林最详细的书籍之一。魏先生在苏州从事文化与文物工作，长期搜集苏州园林资料。他在“自序”中说苏州历代第宅园林，史志记载有1000处之多，该书收录有园貌介绍者近800处。所涉及的园林包括吴县、吴江县、太仓县、昆山市、常熟市、张家港市的园林。他认为苏州园林与全国园林相比，有独特的个性。苏州园林的主要成就是私人宅园；苏州园林为典型的江南风格，小巧、自然、幽雅、清淡秀美。苏州园林对吴文化的反映，较之其他地方园林对当地文化的反映，要系统得多、明显得多、深刻得多。苏州是吴文化中心，吴文化的特色十分具体地体现在园林的建筑、山水、花木诸要素之中。从《苏州历代园林录》以及其他一些文献，可知苏州在先秦时期就有了梧桐园、华林园、姑苏台、馆娃宫、消夏湾、长洲苑。秦汉魏晋南北朝时期有顾辟疆园、笮家园、报恩寺等。隋唐五代时期有孙园、陆龟蒙宅、震泽别业、韦应物山庄、南园、东圃、金谷园等。宋朝时期有隐圃、沈氏园亭、梅家园、复轩、小隐堂、丁家园、五亩园、同东园、西园、藏春园、石湖别墅、昼锦园、桃园、蒙圃、千株园、乐庵、北园、陈氏园、水竹墅、五柳园、万华堂、鹤山书院、郭氏园、杨园、祇园、定轩。元期时期有静春别墅、松石轩、鞭蓉庄、狮子林、玉山草堂、南园、小潇湘、来鹤园、乐隐园、梧桐园、姜园、千林园、秦氏园、朱氏园、慕家园、丘家园、周氏园、怡园、水花园、灰堆园、卢氏山园、程园。明朝时期有春锦堂、张氏梅园、槐

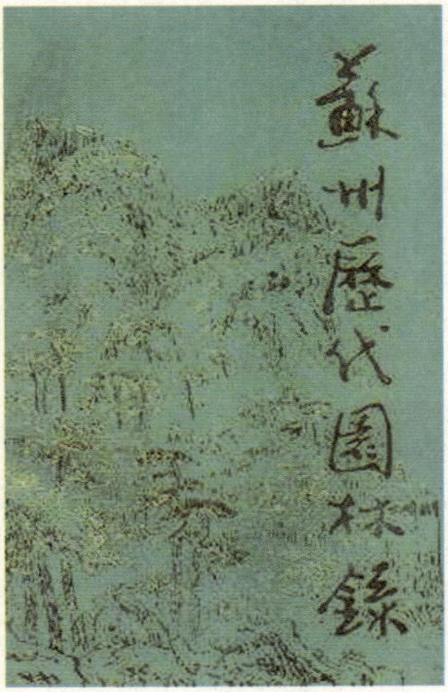

「苏州历代园林录」

树园、墨池园、寄傲园、徐园、日涉园、西畴、驻景园、菽园、西墅、五祯园、菟园、山居园、瑞芝园、七桂园、怡老园、芳草园、真适园、且适园、晚圃、紫芝园、燃松园、桐园、月驾园、真越园等，清朝时期有绣谷、雅园、依园、秀野园、从吾馆、耐久园、橘园、逸园、亦园、三益园、毕园、水园、端本园、五亩园、芳草园、知止园、退园、息园、一枝园、锄经园、荆园、晦园、养素园、茧园等。

苏州在太湖之滨，太湖是我国五大淡水湖之一，沿湖的苏州、无锡、常熟、宜兴等都是园林城市。沿湖有梅梁湖景区、天灵景区、石湖景区、光福景区、洞庭东山景区、洞庭西山景区、锡惠景区、蠡湖景区、马山景区、阳羡景区、虞山景区。如阳羡景区在宜兴县境，有张公洞、灵谷洞等溶洞。明代长洲（今苏州）人沈周对村舍情有独钟，绘有《东庄图》。沈周是吴门画派的鼻祖，与文征明、唐寅、仇英合称“吴门四大家”。《东庄图》原有 24 幅，明万历时丢失 3 幅，现存 21 幅。东庄在苏州葑门内，原为吴宽父亲孟融所居。通过《东庄图》，可以了解 500 年前苏州郊野的民居情况：有黄澄澄的“稻畦”，田边坡地是茅屋和丛林，林边有清澈的池塘。池塘边有“知乐亭”，人们倚栏观鱼，怡然自乐。从图上看，田野仍有原始貌，人口稀疏，生态环境协调。

「沈周《东庄图》」

在中国的乡村园林中，苏州的吴县很突出。吴县在太湖流域，紧紧环绕苏州。大运河开通后，文化交流频繁，唐代时吴县出了张籍、陆龟蒙、孙过庭、张旭等人，他们的活动推动了园林文化的发展。宋代时，吴县的乡村有 10 多处私家园林，如越来溪的卢园，匾题“吴中第一林泉”。西山林屋洞有道隐园，以乱石为“齐物观”，似牛羊蹲卧在楼前。元朝时，吴县乡村有“静春别墅”（后改建为适园），还有“缑山宅”“耕渔轩”等。明朝，吴县乡村有 40 处园林，如王鏊建的“真适园”有 16 景，王鏊的子孙及弟子都乐于建园林。清代，吴县的东山、西山、尧峰山都仍然在修建、扩建园林，如西山的春熙堂以白皮松、牡丹花、湖石称著。吴县的园林追求轻盈的风格，色彩柔和素淡，湖石俊秀，小巧精致，具有诗情画意。吴县西濒太湖，主要景区有太湖国家旅游度假区，其中有湖滨观光大道，还有全长 4308 米、181 孔的太湖大桥和蒯鲁班园。

清朝末年，苏州有各类园林 170 多处，现保存完整的有 60 多处。其中，沧浪亭、狮子林、拙政园和留园分别代表着宋（公元 960—1279 年）、元（公元 1271—1368 年）、明（公元 1368—1644 年）、清（公元 1644—1911 年）四个朝代的艺术风格，被称为苏州四大名园。另有网狮园、退思园、艺圃、环秀山庄、耦园与四大名园一起列入了世界文化遗产名录。

1. “拙者之为政”的拙政园

拙政园是苏州四大古典名园之一。其园址早在三国时就有太守陆绩宅第。明代嘉靖年间御史王献臣解官归隐苏州，在原大弘寺址建园，取晋代潘岳《闲居赋》“灌园鬻蔬，以供朝夕之膳，是亦拙者之为政也”，名拙政园。王献臣去世后，其子好赌，一夜输掉了拙政园，归徐氏所有。徐氏守了五代，家衰园废。清代重建，康熙皇帝曾游此园。

拙政园历尽 400 多年兴衰，至今仍然保存，说明这里天然就是一处建园的好地方。它现在占地 5 万平方米，为苏州古典园林之首。

拙政园总体布局特征：因地制宜，以水池为中心，东疏西密。全园分三部分，另外在南边有一住宅区已辟为园林博物馆。园东部 31 亩，由南进入，内有草坪、土山、木亭、曲桥、茶室，主要建筑有兰雪堂、芙蓉榭、天泉亭、放眼亭。这里疏朗自然，野趣横生，古木佳树多。园中部 18.5 亩，池水占三分之一。以水为主，池面弯环，有分有聚。长廊迂回，亭阁错落，建筑典雅。主厅远香堂有四面长窗，可环视四周风景。其他建筑有倚虹亭、西半亭、倚虹桥、枇杷园、听雨轩、小飞虹廊桥、香洲。最高处可远眺虎丘，借景园外。园西部 12.7 亩，以水池为中心，风格略嫌拥塞。主要

「拙政园一角」

建筑有鸳鸯厅、宜两亭、水廊倒影楼，池北有扇面亭“与谁同坐轩”，北山有浮翠阁，从宜两亭可俯瞰西部的补园，又可借看中园。园西有竹篱笆围着的盆景园。

拙政园特色之一是水。掘池山，水曲山秀，小桥成倒影，虚实错落，开朗变化，聚分有别。特色之二在于借景。西园借中园，中园借虎丘，中部入口的倚虹亭可遥望北寺塔。门窗墙镂空可借外景。特色之三是工艺精美。扇形艺术在这里集中体现，扇外之景如画。扇给人以悠闲的感觉。

苏州民间流传拙政园与《红楼梦》中的大观园有某些联系。曹寅出任苏州织造时，拙政园正“散为民居”，由几家分别作为宅园，曹寅购得一部分，转归李煦。曹雪芹年少时常随家人到苏州，曾到过拙政园，于是以拙政园为大观园的张本。拙政园门内有黄石假山，大观园进门也有假山。拙政园有“留听阁”，《红楼梦》第四十四回有“留得残荷听雨声”句。

2.“长留天地间”的留园

留园始建于明代嘉靖年间，称东园。清代嘉庆年间刘恕（蓉峰）改建，称寒碧山庄、外园。同治、光绪年间盛康（盛宣怀之父）改为留园，取“长留天地间”之意。现为苏州四大名园之一。

留园分中、东、西、北四区。园南原有祠堂和住宅。中部是寒碧山庄原址，是全园精华。西有山池，环以楼阁。东有厅堂，重门叠户。全园以西山、东屋、中水为特征。东部有冠云峰、太湖奇石。冠云楼可远眺虎丘。西部以土石假山为主，为园内至高点。北部为盆景园，有竹、李等多种植物。留园的南边为进口，几经周折，方入园中，顿见画景。清代俞樾撰有《留园记》刻在门厅木屏。

「留园」

留园特色之一：建筑空间处理精湛，厅堂宏敞华丽而不伤雅度。建筑环池，大小虚实，参错有致，有分有合，整体布局强。特色之二：园林多白皮松，有清俊之美。特色之三：叠石造型称绝。

3. “一念在狮”的狮子林

狮子林又称五松园，位于苏州古城西北隅，现为苏州四大名园之一。狮子林是元代高僧天如禅师维则创建的寺庙园林。旧说是至正二年（公元1342年）建，近有人考证是泰定年间（公元1324—1328年）已建，至正二年重建。维则（公元1286—1354年），江西吉安永新人。

狮子林之名，有说是因园中有怪石如狮。元代著名画家朱德润与维则曾会晤于狮子林，作《狮子林图记》记载说：石形偶似狮，狮子林并非假摄镇伏辟邪之意，其有不言而喻。“观于林者，虽狮，石异质，一念在狮，石皆狮也。一念在石，狮亦石也。然不若狮者，两忘者乎！”园内以湖石假山为特征，形成“桃源十八景”。中部稍北为池，池周围有廊庑。园内的理水很有特色，飞瀑亭可观赏人工瀑布。狮子林素以峰石奇绝、古木清幽而知名。元明之际，书画家朱德润、倪瓒绘图品题，使狮子林名声大振。由于狮子林颇有特色，所以，清高宗仿建于长春园和避暑山庄。

「狮子林」

4. 典出《孟子》的沧浪亭

北宋庆历年间，官场失意的苏舜钦移居苏州。有一天，他到设在孔庙里的郡学去，途中看见有块荒地，地势高亢开阔，三面靠水，小桥连通南边更开阔的地方。于是，他询问当地上岁数的人，得知这里曾是钱王近亲孙承佑的别墅，便花钱买下了这块地，开始修建沧浪亭。“沧浪”二字，典出《孟子·离娄》：“沧浪之水清兮，可以濯吾缨。”苏舜钦不久写了《沧浪亭记》，称这座私家园林“前竹后水，水之阳又竹，无穷极。澄川翠干，光影会合于轩户之间，尤与风月为相宜”。苏舜钦时常在湖中荡舟，洒然忘归。他在《答韩持国书》说：“家有园林，珍花奇石，曲池高台，鱼鸟留连，不觉日暮。”

苏舜钦死后，沧浪亭易主。后人又有扩建，先后建有飞虹、濯缨亭等。清朝道光年间尚有明道堂、五百名贤祠、面水轩、藕花水榭、清香馆、间妙香室、瑶华境界、见心书屋。光绪初年修缮完毕的沧浪亭的状况是：池长约半里，两岸堆黄山石，池内种莲藕，池上有曲桥，桥北有花墙。桥南的山门上书“五百名贤祠”。祠中有径，幽深错落。园内种有芍药。藕花水榭有一对联“短艇得鱼撑月去，小轩临水为花开”。由西爽稍南，有三间大厅，墙上嵌满石像，即五百名贤。园中主屋是明道堂，高敞宏阔，中悬《沧浪亭图》。厅后有土石山，山上四角石亭，上刻“沧浪亭”三字，柱上有诗句：“清风明月本无价，近水远山俱有情。”从瑶华世界、见心书屋曲折而行，在一游廊的尽头有小亭，亭内额名“闲吟”，屏上镌有苏舜钦的《沧浪亭记》。沧浪亭现为苏州四大名园之一，占地 16 亩。此园无高墙封闭，园内以一复廊隔开山水，园外水景自漏窗透入。沧浪亭造型古朴。最高建筑是明道堂。水面在园区以外，擅长借水，这是其特点。园内以土石山为中心。院墙有多幅雕砖。东侧有清香馆和五百名贤祠。

明代归有光应大云庵和尚文瑛的要求，也写过《沧浪亭记》。大云庵是苏州城南的一座四面环水的小庙，位于沧浪亭的旧地。文瑛访寻古代事迹，恢复了沧浪亭。归有光在《沧浪亭记》中先写了作记的缘由，其次写了沧浪亭的变迁，接着大发人生感慨，认为“古今之变，朝市改易”，万事万物飘渺不定。“尝登姑苏之台，望五湖之渺茫，群山之苍翠，太伯、虞仲之所建，阖闾、夫差之所争，子胥、种、蠡之所经营，今皆无有矣”。然而，苏舜钦的沧浪亭却一直受到人们怀念，不因时间的流逝而被人忘记，“可以见士之欲垂名于千载，不与其澌然而俱尽者，则有在矣”。归有光用背景衬托的手法写出了沧浪亭的重建意义，告诉人们要学习苏舜钦的做人风范，不以山水风月自娱，而应立言言德，如此才会受到后人敬仰。

5.“吴中第一名胜”——虎丘

虎丘是历史名胜，也是现代意义的公园。俗语说：“游客到苏州，不游虎丘，就等于没到苏州。”人们把它称为“吴中第一名胜”。

虎丘在阊门外，传闻春秋时吴王夫差葬其父阖闾于此，三日后有白虎踞其上，

「“吴中第一名胜”——虎丘」

故名虎丘。实际上是因为丘形如蹲虎，而称虎丘。东晋时建虎丘寺，成为寺庙园林。宋代虎丘有相当大的规模，成为天下五山十刹之一。虎丘风景优美，虽然占地不过200余亩，高仅30多米，但有很多胜景。虎丘塔始建于五代，八角形仿木结构楼阁式砖塔，共7层，塔身高47米，塔体由外壁、回廊、塔心三部分组成。它雄浑古朴，成为苏州的象征。此外，虎丘还有试剑石、憨憨泉、白莲池、致爽阁、冷香阁、拥翠山庄。园中古木参天，亭阁错落，实为游览佳胜。

6. 志在“鱼隐”的网师园

南宋时，史正志在苏州城南建万卷堂，当时又称为鱼隐。清乾隆年间，宋宗元购其地。园名借鱼隐原意，改为网师，又因附近有王思巷，声音相近，故易名网师。网师园多次易主，宋宗元后归瞿远村，人称瞿园。瞿死后归李香岩，人称蘧园。民国年间，叶恭绰、张善子、张大千在此住过。

清代的网师园，时人钱大昕在《网师园记》中描述了瞿远村改建的模样：园中有梅花铁石山房、小山丛桂轩、濯缨水阁、蹈和馆、月到风来亭、云岗亭、竹外一枝轩、集虚斋。该园的布局特点，钱大昕认为是以小见大，“地只数亩，而有纡回不尽之致；居虽近廛，而有云水相忘之乐。柳子厚所谓‘奥如旷如’者，殆兼得之矣”。这就是说，园中布置得很巧妙，令人不觉得局促。园子虽在市井，但可领略云影水色，既幽僻曲折，又平远疏朗。

网师园的严谨布局，确实有独到之处。它占地仅9亩，设计以“透”“借”而扩之，建筑物之间过渡得曲折而自然，建筑物以空、虚为主，楼、亭以山石、花墙相隔，形成多种层次。它的建造艺术值得深究。

现在的网师园，1958年修葺一新。园子的东部是住宅，西部是花园。住宅大厅前的砖雕门楼有各种图形，内涵深刻，工艺精美，游客不可疏忽。花园以水池为中心，似模仿了虎丘的白莲池，环池有亭、廊、水阁、石桥、山石、花木。池的北面是看松读画轩、集虚斋、五峰书房，属于读书的庭院；池的南面是小山丛桂轩、蹈和馆、琴室，属于宴聚的庭院。小山丛桂轩是四面厅，人在厅中扩大了视野空间，可以环视四周的桂花、玉兰、石山。园西穿过波浪小门，有一处芍药圃，颇有特色，它的样式已被园林家模仿，在纽约大都会艺术博物馆复制成了“明轩”。

7.“独步江南”的环秀山庄

环秀山庄，原名汪园，又名耕荫义庄、颐园。在苏州城西景德路黄鹂坊桥东，面积仅1亩余。五代时称为金谷园，宋代称为乐圃，清代道光年间归汪氏。该园很小，但假山却很有名，被人称为“独步江南”“天然画本”“尺幅千里”。园内有小山，占地仅半亩，却形成了长达60多米的曲折山径。全山小巧，却可供人上去游览，欣赏峭壁、洞壑、涧谷、危道、悬崖、石室的景致。大石山的几米开外有意布置了小石块，作为呼应。现在的环秀山庄紧邻一个丝绸织绣工艺厂，园子和工厂对外开放参观。园中原有参差的林木，现在缺乏管理，失去了昔日的盎然生机。

「环秀山庄」

8. 拥有五百罗汉的西园

明嘉靖时太仆寺卿徐时泰的宅园，后舍为寺。清光绪十八年（公元1892年）重建。面积10亩，以水池为中心。寺庙园林的代表作。西园有五百罗汉堂，堂中的罗汉各有风趣，如其中有个罗汉塑造得很奇特，三面有三种表情：一哭、一笑、一尴尬。苏州近年对西园进行了修整，以全新的面貌对外开放。

9. 旌表孝子的逸园

逸园在清代有名声，因孝而名。园主程文焕是清初旌表的孝子。程文焕的祖父死了，他的父亲哀毁失明，他为父亲舔目眚，父亲5年后恢复视力。父亲死后，他又守庐墓长达30年，一时传为孝子。据《履园丛话》，逸园在吴县西脊山麓，右临太湖，左有茶山。主体建筑有生香阁，阁下有在山小隐，前有钓雪槎，其西有九峰草庐、白沙翠竹山房，下临具区，波涛万顷。又据《逸园记》叙述，逸园占地约50亩，临湖，周围有数万株梅树。穿过广庭，拾级登上九峰草庐，有寒香堂、养真居，孝子曾在此守庐。园中以梅为特征，有诗云：“不知何处香，但见四山白。”草庐之西有景，称为“梅花深处”。园中最高处有石台，可以东观丹崖翠木、云窗雾阁，西眺风帆沙鸟、烟云出没，是为逸园最胜处。传闻乾隆皇帝南巡，曾驻跸于此。后来，园林易主，仅过了40年，已成瓦砾场。

10.“兄弟怡怡”的怡园

怡园，清代建，占地0.6公顷。该园取名于《论语》“兄弟怡怡”，分为东、西两部，以复廊隔开。东部以庭院建筑为主；西部有水池和厅、亭，大厅为鸳鸯式，厅北有藕香榭，厅南有梅花厅。池中临水筑二层旱船画舫斋。园复廊仿自沧浪亭、假山仿自环秀山庄、水池仿自网师园，有人认为集锦使怡园成为精品之作，有人认为弄巧成拙。

11. 俞樾建书斋庭园——曲园

俞樾是晚清的国学大师，为了安心治学，他很讲究居住条件。据说，他曾想购买苏州仓米苍的半园，未果。后来，他买了吴县潘世恩的旧第，建成曲园。这是一座小巧精致、文化内涵丰富的书斋庭园。之所以称为曲园，俞樾有诗记其原委。他在诗序说：余故里无家，久寓吴下。去年于马医科西头买得潘氏废地一区，筑室三十余楹，其旁隙地筑为小园。垒石凿池，杂莳花木，以其形曲，名曰曲园。他在诗中描述曲园：曲园虽褊小，亦颇具曲折；达斋、认春轩，南北相隔绝。花木隐翳之，循山登其巅，小坐可玩月。其下一小池，游鳞出复没。右有曲水亭，红栏映清冽。左有回峰阁，阶下石凹凸。循此石径行，又东出自穴。依依柳阴中，编竹补其缺。园中客厅称为乐知堂，典出《周易》“乐天知命”之语。堂西有曾国藩书写的“春在堂”匾额。春在堂后有认春轩，其名取自白居易的诗句“认得春风先到处，西园南面水东头”。园东北有小屋称为艮宧，艮在八卦代表东北隅，有“止”意，意为园止于此。艮宧有廊，西边有达斋。艮宧既是园中的终点，又是园中的起点，从南门可入园重游，颇有太极循环之意。中国园林追求曲径通幽，曲园堪称典型。新中国建立后，俞樾的曾孙俞平伯把曲园献给了当地政府，今已对外开放。

「曲园」

魅力浙江

(一)越韵华韶,古镇老屋

浙江以越文化为底蕴。春秋时，这里属于越国。秦朝在这里设会稽、鄣、闽中三郡。唐代在这里设浙江东西两道，始以浙江作为政区。

富阳县有个龙门镇，这里居住着三国东吴孙权的后裔近万人。镇上的建筑仍保留了明清时代的风格，古塔、门牌楼、祠堂、厅堂比比林立。民居大多以院落为单位，每个小家族都有祠堂，各个祠堂以孙权为先祖。院落之间有鹅卵石巷道，巷道上有宽绰的廊檐，穿行其间如同迷宫，下雨天不湿鞋。镇子入口处有义门牌楼，过去的文武官员都要在此下轿下马。镇上主要建筑有百步厅，此厅从前厅到后厅有 100 步长。前厅称为百狮厅，刻有 100 头大小石狮。百步厅有慎修堂、素怀堂、光裕堂、咸正堂。镇上最高、最古老的明代建筑是存友堂，装饰最精美的是乐山堂。孙氏家族每年春秋两季都要隆重举行祭祖大典。

有的史学家认为孙权是春秋末军事家孙武的后代,孙中山的家世源流可追溯到孙权。龙门镇的孙氏家族以此而自豪。

兰溪市西边有个诸葛镇，镇里有个诸葛村。传说五代时，诸葛亮的 14 世孙诸葛澜迁居于此，诸葛家族从此兴旺发达。诸葛子孙遵循祖训“不为良相，便为良医”，世世代代做药材生意，药铺遍布江浙。诸葛村的民居很有特色，俯视村落像太极八卦图。村子中间有口名叫“钟池”的池塘，半边池水，似阴阳太极图。从钟池向四周排列八条巷道，有序地排列着几十座古老的厅堂。巷道纵横，如同迷魂阵。诸葛村鼎盛时期有 45 座祠堂，最大的是丞相祠堂，它占地近 8000 平方米，五开间结构，还有钟楼和鼓楼，现在已毁。

衢州西部有个千年古镇廿八都。由于它位于与福建交界的高山深谷处，所以保存了旧貌。又因为它是沟通浙、闽、赣三省的枢纽，所以成为军事关隘和商业重镇，其文化积累自然很深厚。据资料统计，这个镇子仍保存完整的明清古建筑民居 36 幢，祠堂庙宇 11 幢。民居依山就势、错落有致。门楼上有精致的木雕，门窗和栋梁都有彩绘或浮雕，家家户户都像一座艺术殿堂。特别是孔庙，它由照壁、门庭、正门、前殿、寝殿、厢房组成，古朴而宏伟。镇南村口有一座清代建的亭阁式单孔石拱桥，桥西有九开间亭阁，雕梁画柱，是古代桥梁艺术的精品。中国农村的村镇一般是聚族而居，一姓或几姓构成一个村镇。但是廿八都的 700 多户人家却有 100 多个姓氏，他们有的是经商定居于此，有的是古代戍边将士的后代。在这里可以集中地了解各种文化现象。镇旁的浮盖山、仙霞岭有许多人文景观和自然景观，令人流连忘返。

「千年古镇廿八都」

东阳县城东郊雅溪村有著名的卢宅。宅主卢氏是宋代从北方迁来，随着家族繁衍，房屋不断扩大。全宅以肃雍堂为中心，共置 8 个轴组。肃雍堂前有八字砖墙影壁，入口处前立有 3 座明清时代的牌坊，堂前还有仪门。仪门面阔 3 间，有悬山顶门楼，进门有庭院，接着肃雍堂。肃雍堂面阔 5 间，正厅为重檐悬山顶，梁架用材硕大，雕有动物图案。肃雍堂后 6 进院落统称为世德堂，其高度不超过肃雍堂。两边的建筑有单独的院落和大门，有独立性，但又与整个建筑群协调。卢氏宗族的重要活动都在肃雍堂举行，院中有用为祭祀的旗杆，院两旁的房子供奉祖先牌位。

浦江境内有个郑宅镇，郑家鼎盛时达 3000 余人，长期过着宗族集体生活。每天清晨，闻钟敲四下，开始盥洗。钟敲八下，全体到祠堂听族长训话，然后进膳。家族财产集中，个人不得私积货财，男人在同心堂进餐，女人在安贞堂进餐，60 岁的老者可以不参加农业生产。据考证，郑氏家族在此地居住了 700 多年，明初朱元璋敕封为“江南第一家”。郑氏宗祠前后三进，规模宏大，主体建筑是序堂，堂内可容纳 3000 多人，堂前古柏森森。宋、元、明三朝，郑氏家族有 169 人担任过县以上的官职。人们和睦相处，重视孝义礼节，讲究卫生。宗祠内干干净净，无杂草蚊蝇。家族有一套严格的管理办法，即使在商业大潮澎湃的今天，他们还是习惯于传统的农耕宗法生活。

苏、湖、嘉之间的桐乡县有个水乡古镇——乌镇，镇上有昭明读书台、唐代古银杏、双桥。文学家茅盾(沈雁冰)于公元1896年出生在这里。茅盾13岁之前生活在这个小镇，他的小说《林家铺子》的原型取材于此。1981年茅盾去世后，故居改为展室，有客堂、家塾、卧室、书斋，展示着一些实物和图片。叶圣陶题有“茅盾故居”匾额。

武义市西南的俞源村三面环山，其设计特别重视天人一体。该村北面一条小溪顺山而下，呈S型穿村而过，形成了一个太极图，太极图直径为320米。周围11道山岗与太极阴阳鱼构成天体黄道12宫，八卦形排列的28座堂楼对应星象二十八宿。俞氏宗祠正好在北斗星的位置。全村古建筑有41座379栋。建筑的木雕、砖雕、石雕都很精致。

庆元县松源镇大济村不仅保存着明清古建筑，而且还有一条不知道何时修筑的古地道。地道有7处出口。村民都已说不清地道的来历。该村在宋代产生过进士，至今还保存有宋代建筑的木拱廊屋桥。初步统计，该村有明代的7座民居，清代的十几座民居，还有牌楼。

湖州有个南浔镇，镇上曾有20多处名园。其中有个小莲庄是私家园林的精品，园主刘镛是清末光禄大夫，他追慕元代书画家赵孟頫（也是当地人），因其曾有莲花庄，刘镛就把私园称为小莲庄。小莲庄有外园和内园，外园有10亩荷池，夏季有清风送爽。内园以假山为主景，山旁有楼台亭阁，原有净诗窟、东升阁、掩醉轩、鸳鸯楼、茅亭等，现存假山。

安吉县鄣吴村有吴昌硕故居。吴昌硕公元1844年出生于此，他是著名的金石书画家。海宁县盐官镇有王国维故居。王国维是近代国学大师，故居是木构民房，系王国维父亲王乃誉所建。石门县石门镇有丰子恺故居。丰子恺是当代漫画家、文学家、美术音乐教育家，他公元1898年出生于石门镇。故居缘缘堂是丰子恺1933年自行设计的三间两层楼房，1938年被日军炮火炸毁，1985年重建。缘缘堂陈列着丰子恺的文集、译作、手稿，楼正中为卧室书房。现仍保存着旧宅烧焦的大门和础石。

(二)西湖毓秀，杭城楼宅

距今约5000年前，杭州西北的良渚一带已有人家聚族而居，创造了新石器时代的文化。

杭州西湖在城西，故名西湖。环湖有南高峰、北高峰、玉皇山，形成“三面云山一面城”。龙脉来自天目山。西湖美景在春夏秋冬、晴雨、朝暮、月夜各不相同，既有自然景观，也有人文景观。西湖中间有小瀛洲，明清时挖湖泥筑成，面积7平方千米，呈田字形，洲上有亭榭楼台，突出的特色是岛中有湖，湖上有庭园。西湖有40处风景名胜，如三潭印月、雷峰夕照、花港观鱼、柳浪闻莺、双峰插云、南屏晚钟、曲院风荷、断桥残雪、平湖秋月、苏堤春晓为十大风景。西湖是一座大园林，沿湖“因其自然，辅以雅趣”。周边40多处小的风景园林，如聚星园、延祥园、玉壶园、屏山园、东花园都各有特色，与青山碧水相辉映。

西湖周围还有其他值得游览的景点：如灵隐寺是杭州西湖最大的寺院，又名云林寺。西晋始建，至今已1600多年。东晋咸和元年（公元326年）印度僧人慧理创建。慧理认为“佛在世日，多为仙灵所隐”，故名灵隐寺。五代吴越时最盛，全寺有9楼、18阁、72殿、1200间房、3000僧人，现仍为我国禅宗十刹之一，也是著名的寺庙园林。寺中古木参天，浓荫蔽日，泉水潺潺。

「 灵隐寺一角 」

杭州植物园花圃位于西湖西北角，在灵隐寺和玉泉之间，占地约231公顷，1956年建园。该园以研究植物学为主，兼以普及生物知识，并为美化西湖提供景点。园中有树木园、竹类区、植物分类区、经济植物区、观赏植物区、果树实验区等，现收集栽种4000种植物，编号植物有66700多株。园中还有湖溪，水源充足。水、路、山石、植物构成安静清新的环境。植物园旁有杭州花圃，面积约26公顷。园中有盆景区、月季区、兰花区、菊花区、香花区、露地草花区等。园中有一尊假山石“绉云峰”，与苏州的“瑞云峰”、上海的“玉玲珑”齐名，称为江南园林三大名石。石高2.6米，形同绉云，宛然天趣。

黄龙洞圆缘民俗园在西湖的西北，占地百余亩，10个景区。进门处有巨大石块，上书“缘”字，突出了该园的主题。穿过山门有投缘池，池中有6个石童代表6个方位，分别为姻缘、情缘、财缘、子缘、文缘、仕缘。游客根据自己的意愿向童子所抬古币方孔投币，投中为有缘。投缘池附近有禧园，这是一处仿古院落，有戏台，每日上演戏剧。民俗园中央有月老祠，大殿立有月老塑像。祠旁有方竹园，栽有各种名贵竹子。此外，园中还有黄大仙洞、圆缘台、情缘坡、黄龙童子雕像。黄龙童子雕像乍一看是两个嬉戏的顽童，换个角度看却是四个连体童，寓意繁衍轮回、生生不息。

杭州中山公园在西湖孤山南麓，宋代时建有御花园，清代建有圣因寺。1927年称中山公园。园中有叠石假山，又有万菊亭、四照亭等。

杭州西湖丁家山前有一处私家园林——康庄，它原是晚清学者康有为的别墅。康有为晚年在此定居读书，现仍有他撰写的楹联：“割据湖山少许，操草木鸟兽之权，是亦为政；游戏世界无量，极水石烟云之胜，聊乐我魂。”另有一副：“沧桑多迁，陵谷多易，教宗多劫，国土多沦，亭阁鸡虫看得失，无一物当情，历尽成住坏空，觉来栩栩；天地不大，毫末不细，大椿不寿，朝菌不短，微尘世界何爱惜，现我生自度，仍行慈悲喜舍，想入非非。”由此楹联可知，康有为对世事已经看得很透，以潜心钻研学术为乐，寄情于山水而自乐。

杭州是历史文化名城，但古代的木构建筑保存稀少。新华路有一处茅宅，坐西朝东，二进平面，五开间厅楼，左右带厢房，四周围墙环绕，其中一进为晚清建。宅中为庭院，正东围墙有门。二进的设有门罩、挂落等内檐装修构件。拱墅区霞湾巷有一处陈宅，原有五

「杭州木构民居」

进，其中有二进为明末建，其他为清末民初建。进门楼即天井，左右有厢廊。二进次间缝处设门扇，门扇与最外围的五山屏风墙之间有夹道，可以前后互通，形成内通外闭的院落。宅中部分梁架和金柱采用了包镶的作法。在四根金柱的柱顶石之下，有一间10×10厘米的方形砖砌地宫，正中安放宝瓶，瓶内存有明代永乐、隆庆年间的钱币，说明陈宅为明代隆庆年或稍后修建，当时的宅主希望财运亨通。陈宅的门楼工整精致，高5米，雕饰卷草纹。

明代钱塘（今浙江杭州）人田汝成撰《西湖游览志》，书中载录了宋朝杭州一带的山水园林，有三堤胜迹、南山胜迹、北山胜迹、南山分脉城内胜迹、北山分脉城内胜迹、浙江胜迹，书前有西湖总序，还有地图。

杭州的名人故居有：

于谦故居在大井巷。于谦是西湖三雄（另二雄是岳飞、张煌言）之一，他是明代宣德至景泰年间的名臣，在江西、山西等地当官，深受人民爱戴，后来竟遭冤杀。于谦故居在1989年对外开放，有三个院落，前院的照壁上刻有于谦的名诗《石灰吟》：“千锤万凿出深山，烈火焚烧若等闲；粉骨碎身浑不怕，要留清白在人间。”中院有忠肃堂，它是故居的主体建筑，旁边有附属用房和“于氏故井”。后院有琴台、半亭、池水。于谦的墓在西湖“花港观鱼”后的二台山麓。

俞楼在西湖孤山西麓，晚清著名学者俞樾的讲学著书处。俞樾晚年在杭州诂经精舍讲学，弟子云集，章太炎等国学大师出自其门下。现存俞楼有三层，楼后有瓢池和假山。

潘宅在西湖南山路锦云里一号。这里原是画家潘天寿故居，现改为潘天寿纪念馆。潘天寿曾任浙江美术学院院长。

在西湖北山栖霞岭有黄宾虹故居。黄宾虹是著名山水画家，他的故居简朴清幽，屋前有他亲手栽种的青桐，屋后有苍翠的松树。

（三）绍兴灵奥，藏美蓄英

越文化根子在会稽（今浙江绍兴）。公元前496年，越王勾践即位，谋臣范蠡劝他把都城从会稽山内的嶕岘大城迁到富庶广阔的宁绍平原，以便成就霸业。勾践采纳了，于是兴建绍兴城。范蠡主持在种山的第四高阜建造了飞翼楼，用来远眺吴国的军事行动，亦可壮风景。当时还修了坚固的小城，作为政治中心和军事堡垒。其后又修了10倍于小城的大城，作为居民的生活区和给养区。范蠡故居在诸暨县南门外长山东侧的翠微寺，唐代建有净观院，俗称范蠡庙、陶朱公庙，庙内有夷井。故居已毁。

考古工作者于1981年在绍兴北部发现古越国居民遗址，出土绳纹瓦当和瓦片，说明春秋时代已用瓦盖房。

西施是春秋越国人，中国历史上公认的四大美女之一，她的故里在诸暨浣纱溪旁的一个小村。传闻西施常到水边浣纱，被越国谋臣范蠡发现，娶为妻。西施有倾城倾国之美貌，并且有报国爱国之心，她协助越国灭吴，后来与范蠡一起隐居江湖。今浣纱溪旁有三开间大殿，殿内立西施塑像。殿旁建有范相亭，殿外有回廊。

陆游故居在绍兴西郊的鉴湖旁。1166年，陆游迁居于此。陆游是南宋爱国诗人，写过许多脍炙人口的作品。他在诗中云："临山依水偶占家，数间茅屋半欹斜。"这说的是故居依山面水。现在故居已毁，仅存一水池。

「青藤书屋」

青藤书屋在绍兴前观巷，系明代文学家、书画家徐渭的故居。现有专人管理，保存完好。入门有小竹园和假山。园后有书屋，系一石柱砖墙木格花窗平房。前室朝南，有小小的天井，传闻天井中的青藤是徐渭所栽。窗外有很小的一个池子，中立方石柱，上刻徐渭手书"砥柱中流"。室内已辟为展室。明末大画家陈洪绶曾慕名在此居住，并题写了"青藤书屋"匾额。

王守仁故居在绍兴市上大路王衙弄与假山弄之间。王守仁在明代官至兵部尚书，一生提倡心学，名振海内外。故居梁架均用珍贵的楠木，可惜在太平天国时被毁。现仅存石牌坊、饮酒亭、王衙池、观象台。

吕府在绍兴新河弄 169 号。明代嘉靖年间礼部尚书吕本的旧宅。建筑布局工整宏大，由三条纵轴线和五条横轴线组成。中间的轴线上依次建有轿厅、永恩堂、三厅、四厅、五厅。永恩堂是正厅，后改为祠堂，有 36 米宽、17 米深，柱梁粗长。东西两纵轴线有牌坊和厅堂，总计 13 厅。吕府在绍兴旅游图上有所标明，但现在的绍兴人很少有人知道这一组重要的古建筑。吕宅处不通汽车，三面环水，现在杂居着市民，仅主厅空着，缺乏维修。东面有石板路。

杜宅在绍兴下大路 78 号。它建于明代嘉靖年间。杜氏家族因抗击倭寇而声名大振，在此建宅，坐北朝南，五进。第一进，面阔三间；第二进，面阔五间；第三进中厅为神堂大厅；第四进与第三厅一样有船篷轩廊。第五进为五开间楼房。杜家人丁兴旺，至今还有近 10 家杜氏后裔住在这里。杜家出过一些名人，如杜煦、杜春生、杜亚泉、杜泽卿，都是晚清以来的文化名流。

蔡元培故居在绍兴萧山街笔飞弄。蔡元培是著名教育家，他从公元 1868—1894 年一直生活于此。故居坐北朝南，砖木结构，三进五开间，每进有天井衔接。

秋瑾故居在绍兴和畅堂。公元 1891 年，秋瑾随祖父自闽返里，居住于此。故居坐北向南，有五进。秋瑾住第二进，有会客室、卧房等。故居今改为秋瑾纪念室。

鲁迅故居在绍兴东昌坊口。鲁迅公元 1899 年外出求学前一直居住于此，后来回乡任教也在此住过 2 年。故居的一部分被卖给邻居，主要部分幸存。两扇黑油石库门是原物，进门穿过一间平房，在西侧楼下是鲁迅母亲的卧房、灶房、杂物房。故居后有百草园，起初是菜地，兼作故居的后院。今仍保存短短的泥墙。故居斜对面有三味书屋，这是鲁迅 12—17 岁时读书的私塾。书房正中悬“三味书屋”匾额和松鹿图，房内有桌椅，一如以往，为了解旧式教育提供了场所。

「 鲁迅故居 」

上海民居园林

(一)“万国建筑博览馆”

上海是中国最大城市，其区域早在几千年前就有了可考的民居。周代吴国人寿梦（公元前585—前561年）在松江以南修筑了一个华丽的亭子，作为停留住宿处，人们称为“华亭”。战国时的楚公子春申君黄歇在这里居有封地，他曾命人疏浚水道，人们称这里的水道为黄浦江，简称为“申”。至迟在晋代，这里已有了一定规模的渔民村，史书记载这里有了小寺庙(静安寺前身)。唐代有了华亭县。宋代文献有了“上海”地名，上海浦是华亭县的镇子。元代至元二十八年（公元1291年），华亭县的上海镇升格为上海县。

上海在清代已是一个日渐繁荣的城镇，鸦片战争以后，公元1843年开埠，允许外侨在租界建屋寄居，起初造了一些一二层砖木结构洋房。20世纪20年代，上海出现许多豪华住宅。在1927—1937年，高级花园住宅总建筑面积达160万平方米，主要是洋商、买办、资本家寓居。截至1949年，上海出现许多超级房产主，英国沙逊洋行占有1900多幢建筑，四大家族中的孔宋两家占有近500幢楼房。全市有300多处棚户区，拥挤、潮湿、破烂。如肇家浜棚户区东倒西歪，十分凌乱。在市内主要街道、交通方便之处，出现了高层公寓，居住着中产阶级，有一室户，也有二室、三室户。旧上海的里弄住宅约有9000多处，20万幢。宽的为总弄，窄的为支弄。

20世纪30年代开始，上海出现花园里弄住宅。这都是由富裕阶层修建。宅前或宅后有小花园，宅屋有起居室、浴厕间、厨房，还有阳台。1939年建造的淮海中路上方花园、1940年建造的建国西路懿园，都是这种风格。住宅花园有英国乡村别墅式，如东平路9号原蒋介石私人住宅、虹桥路2419号原英商沙逊别墅。此外，还有西班牙式、法国式、德国式住宅。

上海的民居一度最流行的是石库门住宅，市民在传统三合院、四合院的基础上，吸收欧洲联列式住宅的毗连形式改进为石库门住宅。这种建筑把门楼改成石库门，进门是天井，厅堂有落地长窗，长窗可拆卸。围墙较高，栋与栋之间有马头墙或风火山墙相隔，有楼，一般为两层。一栋可以住数家。有公用厕所，还有公用小阳台。上海河南中路的兴仁里是典型的石库门里弄住宅。后来，一些上海商人和职员迁居到长江中游的九江、武汉、沙市，他们把这种建筑形式也带到了各地，至今仍能在武汉等城市见到这类建筑。

上海建筑的风格是多元化的，把上海称为“万国建筑博览馆”是很恰当的比喻。古典建筑有徐光启故居等。花园式里弄住宅，如淮海中路的上方花园及陕西南路39弄的原凡尔登花园。新式里弄住宅，如淮海中路尚贤坊、延安中路四明村。世界主要的建筑风格都可在上海见到，有希腊式、西班牙式、意大利式、英国式、法国式。

20世纪30年代以后，上海的建筑基本上采用现代样式。上海的国际饭店建于20世纪30年代，长期被称为远东第一高楼。20世纪50年代，上海只有30余幢高层住宅公寓。到了20世纪末，上海有了千栋高层建筑。如上海商城高164.8米，新锦江饭店高153.1米，静安希尔顿饭店高143.6米、物贸中心高140米。

上海的名人故居很多，侧重于当代：

徐光启故居在南市区乔家路，俗称九间楼。明代科学家徐光启于嘉靖四十一年（公元1562年）诞生于此。徐光启生前翻译了许多西方科技著作，对中国文化作出了重要贡献。故居在明末受火灾，仅存后进九间。

孙中山故居在卢湾区香山路7号。孙中山从1920年1月到1924年底以此为寓所。他在这里撰写了《孙文学说》《实业计划》。1924年11月19日，孙中山在这里向记者发表政治见解，提出召集国民会议的设想、主张废除不平等条约。这是一栋两层楼房屋，楼下是客厅、餐厅，楼上是办公室和卧室，楼前有草坪，三面为小花园。现陈列着有关孙中山的图片及一些实物。

邹韬奋故居在重庆南路万宜坊内54号。1930—1936年，邹韬奋曾在此生活和写作，一楼是会客室兼工作室，二楼是卧室。现已开设为纪念馆，馆内有毛泽东、周恩来的题词，还有邹韬奋生前用过的实物以及他的手稿。邹韬奋生前主编《生活周刊》《大众生活》，1944年病故。

「 宋庆龄故居 」

宋庆龄故居在淮海路西段。故居占地4300平方米，楼房面积200余平方米。院墙内有一幢三层西式楼房。楼下是客厅、餐厅、书房，厅堂挂着孙中山遗像。二楼是卧室，陈列着宋庆龄结婚时她父母给她的嫁妆。

张闻天故居在浦东新区施湾乡。张闻天1900年出生于此，并在此度过了童年时代。1986年，故居进行了维修。宅前以竹篱为墙，从木门进院，有五间坐北朝南的平房与东西厢房。张闻天用过的床、橱、桌、柜都还保存着。室内还有图片和书籍，展示张闻天坎坷的一生、贡献的一生。

明清时代上海已有豫园、日涉园、露香园、猗园、曲水园、醉白池等古典园林，当代又修了许多公园。

20世纪30年代，上海有哈同花园，雅称爱俪园。哈同是犹太商人。乌月山僧黄宗仰擅长书画，旁通园林艺术，帮助哈同策划园林布局。章太炎与汤国梨的婚礼在此举行。1954年，在哈同花园的地基上修建了上海展览馆。

现在的上海已是公园密布的国际大都市。

(二)险些“犯上”的豫园

明代，潘允端任四川布政使，解官回家，在上海修建了豫园。

传闻修建豫园的过程中，曾出现一段惊险故事。说的是当时有人向万历皇帝奏了一本，说“豫”与“御”谐音，御花园只有皇帝才能享用，潘允端有犯上僭越之举，企图谋反。万历帝便派钦差大臣前往察勘。这消息被潘氏在京做官的亲戚知道了，便派专人日夜兼程，密告潘家。潘得讯，急得六神无主，幸亏有人出了主意，把龙墙上皇族专用的五爪金龙改为四爪金龙，并连夜在豫园旁建庙宇，请来金山神主霍光大将军的塑像，祀于前殿，又将三林堂的城隍老爷秦裕伯和城隍娘娘的塑像一并请来，祀于二殿、三殿，才使潘避过这场灾难。这座庙就是后来的城隍庙。起初，潘允端取名豫园，确实是有意与“御”谐音，因为他母亲从未到过皇帝的御花园，郁郁寡欢，潘就用御花园的格局建造园林，以表示对母亲的孝心，没想到取名会险些罹祸。起初，潘也没想到要造一个城隍庙，临时抱佛脚，竟然为上海人留下了一座宗教名胜。

从潘允端写的《豫园记》可知修建经过和布局。最初，豫园不过是数畦蔬圃。从嘉靖到万历年间，潘允端不断地凿池、聚石、构亭、栽竹，终于有了一定的规模。在园东面，建有门楼，以隔尘市之嚣，园门题匾“豫园”，意在取悦老亲。入园有门，称为“渐佳”。接着有小坊，称为“人境壶天”。然后有玉华堂，堂后有鱼乐轩，轩旁有涵碧亭。再是有大池，池边有乐寿堂，池心有岛横峙。最后有纯阳阁、山神祠、大土庵、溪山亭馆、留影亭、会景堂。园中的主体建筑是乐寿堂，堂西有祠，代奉高祖和神主；堂东有琴书室，堂后有方池。此外，园中还有梅树、竹林、葡萄架和冈岭、山洞。潘允端自称“卉石之适观、堂室之便体、舟楫之沿泛，亦足以送流景而乐余年矣”。豫园有楼阁厅堂台榭等建筑，如静观大亭、湖心亭、得月楼、玉华堂、九狮轩、点春堂。园内以围墙分隔成若干景区，区与区有机相联，各区自有特色。它的总平面布局受到园林界的好评。

「上海豫园一角」

豫园佳景引来游客大发文兴。有人在湖心亭作楹联：“野烟千叠石在水，渔唱一声人过桥”；又为得月楼作楹联：“楼高但任云飞过，池小能将月关来”。作为私家园林，豫园有多种功能。特别是安身立命的寄托，潘允端说“有亲可事，有子可教，有田可耕，何恋鸡肋为？”可伺奉双亲、教育子女、种植谷蔬，不贪恋官场。确实，这种生活是弃官的文人贵族所喜欢的。现豫园占地 30 余亩，经过反复维修，主要景点有三穗堂、大假山、万花楼、点春堂、会景楼、九狮轩、玉玲珑、得月楼、晴雪堂、观涛楼、曲苑古戏台等。

(三)日涉露香，醉猗大观

1. 日涉园

旧上海县城内梅家弄有日涉园。园主陈所蕴历官至南京太仆少卿，他委托张南阳营建日涉园，前后长达十几年。日涉园入门处有尔雅堂，堂东过飞云桥，有竹素堂。竹素堂三面临流，视野宽敞。南面有一湿地，叠太湖石为山，一峰高 20 寻。山上有楼，山下有馆。日涉园有古老的榆树，仰视不见树枝顶端。又有一株古松，有几百年了。园中最高建筑是揖星楼，可揽全园胜景。园中宝物有唐代褚遂良临摹的《兰亭集序》真迹，刻勒在石碑上。明末，此园归陆氏拥有，有所改葺。清代仅剩颓垣断础。

晋代陶渊明《归去来辞》有“园日涉以成趣”，意为每日游园兴趣盎然。日涉园的名称取意于此。

2. 露香园

在旧上海城内西北隅，过去有个占地 9 亩的露香园，它是明万历年间顾名世修建。顾名世当过工部主事、尚宝司丞。当时的士族已经注意到上海是个好地方，黄浦江环城如带，浦南有尚书朱公园，浦东有学士陆公园。起初，顾名世的哥哥顾名儒在城北筑有“万竹山庄”，顾名世就在旁侧穿池堆土造园。明代朱察卿撰有《露香园》，从此文可见当时该园的基本面貌。园子面积较大，盘纡澶曼，胜擅一邑。其中，有阜春山馆、碧漪堂，堂内贮鼎鬲琴尊、古今图书若干卷，堂下大石棋置，或蹲踞、或陵耸。堂后土阜隆崇，栽有松桧杉柏。堂前有 10 亩水池，即露香池，朱栏长亘。池边有假山，走曲涧入洞，中可容 20 余人，秀石旁挂下垂，如笏、如乳。山南有楼三楹，名“露香阁”，八窗洞开，下瞰流水。楼左有潮音庵，供观音大士像。

3. 醉白池

「醉白池雪景」

醉白池在松江镇南人民路。园名取意于“一醉为乐”。明代已经成园，清代书画家顾大申扩建。新中国建立后，大加修缮，形成一处“园中园”，即外园和内园。外园是新辟的现代公园，有儿童活动场所和各种游乐设施。内园是精华，中心是醉白池，池上有草堂，草堂古朴，堂外有青幽的草木。堂东有四面厅和乐天轩。园中还有湖亭、雪海堂、玉兰院、雕花厅等建筑。该园搜集了当地村野散处的一些景物，如明代书法家张弼的“廉石”、张弼后裔张祖南的晚清住宅雕花楼，还有董其昌等人的石刻，都是从园外移来，以便保存和参观。

4. 猗园

上海嘉定区南翔镇有个猗园。古猗园内有逸野堂、戏鹅池、松鹤园、青清园、鸳鸯湖、南翔壁 6 个景区。猗园园名取自《诗经》“瞻彼淇奥，绿竹猗猗”。它始建于明代，几度易主，现占地百余亩。全园以戏鹅池为中心，池边有石舫不系舟，舟旁有白鹤亭，亭中有一石碑记载南翔镇的得名。与不系舟隔池相望有一座水榭，俗称竹节亭。亭后的山上也有一亭，称为补阙亭，意为“补角”。这个亭子建于 1931 年“九一八”事变之后，南翔人民不忘国耻，决心收回东北失地，于是有意在亭顶的东北留下空缺，以待后来补充。猗园的主建筑是逸野堂，又称四面厅，气宇轩昂。园中还有两座唐代石经幢，是千年文物，园中之宝。

5. 大观园

1988 年，在上海青浦县境的淀山湖畔建成大观园。到大观园，最先见到的是太虚幻境牌楼，四柱三门单檐斗拱。牌楼后是照壁。照壁正面是“女娲补天”的浮雕，下方刻有“空空道人发现宝玉”，浮雕反面是“金陵十二钗”浮雕。这个照壁寓意《红楼梦》的主题。

照壁后是大观园大门，四柱三门，门前一对石狮。进门一座黄石假山，起“欲扬先抑”的作用。园中有园，沿着曲折的廊亭通道，可以到达体仁沐德堂、栊翠庵、大观楼、稻香村、蘅芜院、潇湘馆等景点。其中，大观楼是全园的主体建筑，五进四院，每扇大门都排列着纵九横五的铜钉。大观楼南端临池处有一座汉白玉“省亲别墅石牌坊”，很有气势。大观楼后东侧有稻香村，它是一处“农家村舍”，以简朴素淡为特征。在大观园游玩，如同温习了一遍《红楼梦》，游人沉浸在传统文化之中，受到了自然的文化的享受。

余论：读不尽的长卷

长江流域的民居园林是一幅巨大的画卷，读不胜读，越读越有文化味，永远也读不完。放眼人类，该有多少大河已经干涸，而长江却仍像年轻人一样充满生机，给中国南方带来巨大的活力。长江是地球北纬30°上的金飘带，是中华先民几千年赖以生存的一条生命线。在长江流域嵌缀的民居园林是最美丽、最昂贵的人造珍珠，它们是中华民族的骄傲。

长江流域是民居园林最集中的地区。长江的干流流经青海、西藏、四川、云南、重庆、湖北、湖南、江西、安徽、江苏、上海等省（自治区、直辖市），支流延展于甘肃、陕西、贵州、河南、浙江、广西、福建、广东等地。昆明、贵阳、成都、重庆、武汉、长沙、南昌、合肥、南京、杭州、上海这些大城市都在长江流域。有人统计，长江流域有185个市（面积在流域内不足15%的市未计入），其中地级市60个。流域内有547个县。众多的乡镇如同星罗棋布，使得长江流域是民居园林文化最深厚的地区。

1982年，国家公布的第一批历史文化名城，长江流域有南京、苏州、扬州、杭州、景德镇、江陵、长沙、成都、遵义、昆明。1986年，国家公布的第二批历史文化名城，长江流域有上海、武汉、南昌、重庆、镇江、常熟、南阳、襄阳、阆中、宜宾、自贡、镇江、丽江。这些城市都是由古老的村落——乡镇逐渐发展而来，是民居密集之处。正因为长江流域的居民集中，文化名城多，因而名人的住宅必然多，精美宏大的民宅与园林亦多，这是中华民族宝贵的文化遗产。

长江流域历史悠久、地域辽阔、民族众多，这就注定了民居园林文化有多元性。从青藏高原到太湖平原，不同的地区、不同的民族有不同的建筑。即使是在同一个县里，由于时间不同，人口迁移的状况不同，建筑的风格也不同。古代城市的民居建筑与乡村民居建筑也有所不同。乡村建筑讲究自然性，民居依山傍水，散落在原野。古代城市民居注重讲整体性，讲分区，讲尊卑，讲中轴，讲对称。

长江流域的山川秀丽，自然风光宜人，气候温和，湖泊众多，民众修建的民居散布在田野之中，有傍山的，有临水的，有靠近小树林的，具有清逸之美，有天人一体的南方特色。

世代兴替，长江流域的民居园林不知被毁掉了多少座。有的是毁于战争，有的是毁于家族衰败。如五代时，钱文恽在苏州建金谷园，养花种树，为台为沼。后来，钱氏亡国，园林变为民居。北宋时，朱长文在旧址建乐圃，他在《乐圃记》告诫子孙“毋颓尔居”“千载之后，吴人犹当指此相告曰：此朱氏故圃尔”。然而，乐圃在元代改属张适，明代改属申时行，清代改属蒋楫，晚清改属汪氏，现称为环秀山庄。纵观长江流域私家园林，一般很难有三五代人不易园的。天下没有不散的宴席，同一座园林不可能有世代不易的园主。唐宋时的吴郡治是一处规模宏大的官署园林，有齐云楼、初阳楼、东楼、西楼、木兰堂、东亭、西亭、东斋、双莲堂、池光亭、郡圃、西园、思贤堂、瞻仪堂、四照亭、通判厅等。其西园内有松竹芳草，白居易有诗赞咏。然而，这样的胜地佳景在元末被张士诚的军队烧毁。

传统民居园林有其独特的价值，是新式住宅建筑所不可替代的。

传统民居园林是物化的历史教科书。在古老的、不能言语的民居园林中，我们可以读出其中的文化思想，可以听到无声的诉述。它凝结着先民的智慧，体现了旧时代的民俗，传递着科学技术知识。它可以给我们很多启迪，该怎样继承和弘扬这份遗产，该怎样使新式民居园林适合人们的需要。

传统民居园林（特别是名人住宅）是我们垂吊先贤、培养民族感情、熏陶爱国主义精神的场所。通过参观屈原故居、徐霞客故居、鲁迅故居，会使青少年一代学到新知识，受到新鼓舞。长江流域的名人住宅很多，我们不能因为多，就可以随便毁掉。先秦时的屈原曾被举列为世界四大文化名人之一。当代政治伟人毛泽东、周恩来、邓小平都是在长江流域诞生的。保护和利用好他们的故居，可以推动我国的精神文明建设。

传统民居园林是旅游的文化资源。未来的社会，文化产业所占的比例将越来越大，旅游业的前景将更加光明，而古老的城乡建筑将成为现代生活中的游客所流连忘返之处。人们对我国的传统文化情绪越来越浓，反璞归真的思想日益增加。古典园林、老民宅及其陈设必然成为重要的观赏景观。许多外国人千里迢迢到中国来，就是为了看古老的园林与民居，体认与享受中世纪农耕文明。国内大城市的市民也很愿意到乡村去感受农家生活。所以，国家要从长远考虑，即使老民宅、旧园子一时得不到开发，也要为后人留下，让他们多一些生存的本钱。

因此，我们一定要保护好传统民居与园林，珍惜这份文明遗产，不断创新建筑文化，使之在长江文明的发展中永放光辉。

图书在版编目（CIP）数据

民居园林 / 王玉德著 . —武汉：长江出版社，2019.6（2023.1 重印）

（长江文明之旅丛书．建筑神韵篇）

ISBN 978-7-5492-6503-9

Ⅰ．①民…　Ⅱ．①王…　Ⅲ．①长江流域—古典园林—介绍　Ⅳ．① K928.73

中国版本图书馆 CIP 数据核字（2019）第 105262 号

项目统筹：张　树

责任编辑：钟一丹　　王　珺

封面设计：刘斯佳

民居园林

刘玉堂　王玉德　总主编　王玉德　著

出版发行：上海科学技术文献出版社

地　　址：上海市长乐路 746 号　200040

出版发行：长江出版社

地　　址：武汉市解放大道 1863 号　430010

经　　销：各地新华书店

印　　刷：中印南方印刷有限公司

规　　格：710mm×1000mm　1/16

印　　张：10

字　　数：136 千字

版　　次：2019 年 6 月第 1 版　2023 年 1 月第 2 次印刷

书　　号：ISBN 978-7-5492-6503-9

定　　价：39.80 元